大展好書　好書大展
品嘗好書　冠群可期

大展好書　好書大展
品嘗好書　冠群可期

命理與預言6

命名彙典

水雲居士／編著

大展出版社有限公司　印行

目錄

一、姓名學眞義

孟子說：「不孝有三，無後爲大。」人生在世，傳宗接代原是爲人的天職，然而最重要的莫若「青出於藍」，使後代勝於前代，兒子強於父親。而要下一代騰達昌盛，則以選一個好名字爲首要。名字之好壞，自當以姓名學爲依據。

舊式人家孩子出生，請算命先生批起生辰八字，如此這般就論斷其爲「好命」「歹命」，這是自欺欺人之談。也有人遇到違逆的事情，就以爲是「命中註定」或自哀自怨歎，「命苦」，往往把命運諉之於天意，這當然是毫無根據的。

那麼，人之有富貴、貧賤，所謂「好命」「歹命」，又是怎樣解釋的呢？他是隨人之志願而造化，也就是說「命運是由自己選擇的」！好壞操之在我。俗諺「好的開始，是成功的一半」。好的開始，就是取一個好的名字，前面說過，要使後代騰達昌盛，自以選取好名字爲首要，因此，兒女出生之日，應按照姓名八十一畫數，選擇吉數之字畫，文字意義，與姓之意義之良好者來命名，設若姓名之吉，字畫又吉，姓與名之意義又吉，姓名陰陽象也是吉，受姓名之吉而暗示化

育，則前途必有作爲，光於前，垂於後，家庭和睦，其樂融融了。

姓名學的眞義是什麼？姓是先天的，名是後天的，如以國家作比，姓是皇帝，名如朝臣，皇帝英明，朝臣亦必盡忠，管理國政，必能富國強兵。若又以家作比，姓如戶主，名如家人，戶主雖能，則要有家人協力，維持家事，始能致富興家。

一般人爲子女命名，甚少出以愼重者，有讀書識字之家，選擇吉之字，却不顧及姓之意義是否相尅或相違，最陋劣者，是識字不多的人家，給兒女命名狗屎、罔市、阿歹、乞食、臭頭，幾乎令人聞之而不啞然失笑。自古以來，未聞號此名字之人，能興家建業的，也未聞命此名字的人，居顯位奏奇勳的。

大凡名字貴，資能亦貴；名字賤，資能亦賤，這一點可以在平生行事中一一顯現出來。不獨人名如此，萬物也都一樣。有其名卽有其實，此物命此名，必形此物之性質，而行此物之氣運。假如命名爲飯桶，必形飯桶之性質，飯桶不可以用來洗浴，實不是行飯桶之氣運？若命名爲浴盆，這是浴盆，卽形浴盆之性質，浴盆不可以盛飯，實不是行浴盆之氣運？人的名既命此名，卽形此名之資能，依其意義之性質，而行此名之氣運。

人之名表示人的精神，所以名的良莠，乃一生榮枯成敗之所繫，此爲姓名學之奧義所在，爲人父母者不可不愼察。

二、命運—信不信由你

在邁入太空時代的今天，論人生之命運，一定會有學者反對，說是迷信虛談。但從古至今，我們已有五千多年的歷史，不但國家常有興衰更替，而個人更有榮枯得失之別。今日社會，有些具有相當能力的上駟之才，常憤慨於失敗潦倒；那些無才無術的庸夫俗子，却反因成功而洋洋自得。又有些仁慈有德的人，却常遭困境，貧苦度日；而奸詐險惡之徒，反而投機得逞，富貴一生，此實乃常有之事。每天翻開報紙，幸與不幸之事，屢見不鮮，此實可謂不合理而複雜之世相。繫乎於此，自不外乎命運。所以命運之存在，實不容否認。

一個人在他的命運未通時，任你有天高之志，或博學多才，往往徒勞無功，帶來無謂的苦楚。所以人生與命運實具有密切之關係。孔子說：「不知命無以君子」，卽示人以天命，亦人人須知命，隨命運以進退；若不知命運，不當進而妄進，當進而遲滯不前，致使行與命運，何嘗不失敗呢？所以每個人都應知時運，事事自能成功發展。

三、先天八字與後天姓名

我們的命運，都是先天八字和後天姓名所造成的。換句話說，八字和姓名是造成命運的基礎。有如火車之兩軌，不能一好一壞，必二者堅固，才能成功。一個人如八字不好，姓名凶惡，必註定失敗無疑。但八字是先天的，與生俱來的，不容更易；唯有用後天之姓名，以補救其缺憾。所以姓名實具有重大的意義，人們不可不予研究。一個人取名，如配合先天八字，不但能使個人事業成功，也能增進民族的發展和國家的富強。

四、怎樣鑑定姓名的吉凶

㈠法　則

一、首先書被鑑定者之姓名，各字記下畫數。
二、分為天格，人格，地格，總格，外格等五格。
三、觀各格之好壞，以各格之數，對照八十一數之靈動，就知其吉凶，但天格不要看。
四、次看天格對人格之成功運，再看人格對地格之基礎運之吉凶。
五、觀人之品性，看人格之數就可以知其人表面之性情，看姓及名之頭字之數，就能察其內裏之性情。（請參看後篇觀人性格之秘訣。）
六、看其人對上下之觀感，或疾病之有無，參照人格對天格及人格對地格。

㈡五格剖象之實例

(三)姓名之五格分類方式

1. 複姓二字名剖象

字	筆劃	五格
范	11	20 天格（11+9）
姜	9	16 人格（9+7）
良	7	13 地格（7+6）
安	6	

17 外格

總格 33

2. 複姓單名剖象

字	筆劃	五格
歐	15	32 天格（15+17）
陽	17	27 人格（17+10）
修	10	11 地格（10+01）
	01	

16 外格

總格 42

3. 單姓二字名剖象

字	筆劃	五格
	01	11 天格（01+10）
唐	10	22 人格（10+12）
婉	12	18 地格（12+6）
如	6	

7 外格

總格 28

4. 單姓單名剖象

字	筆劃	五格
	01	12 天格（01+11）
胡	11	17 人格（11+6）
亥	6	7 地格（6+01）
	01	

2 外格

總格 17

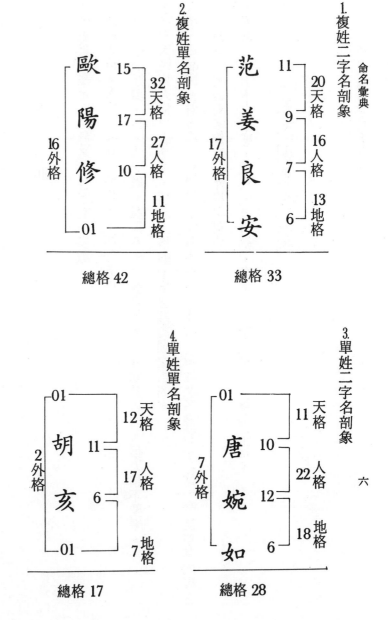

天屬陽，地屬陰，天地交泰，陰陽和氣，此謂天之理，亦萬象造化之理也。是故人名者，不僅是代表人之符號，也是天地間一切萬象總括之名。此即姓名分類爲天人地三格之義。凡物有內必有外，有分必有合，準此而定爲外格與總格，而完成姓名之五格。

五格剖象，姓爲天格，名爲地格，姓之最下字與名之首字合爲人格，姓名之各字畫數，合計爲總格。

天人地三才，此爲五格剖象之基本，普通稱爲天地人，在此稱爲天人地，如易爲六爻三段之原則，就是易之繫辭傳下卷。「易之爲書也，廣大悉備，有天道焉，有人道焉，有地道焉，兼三才而兩句，此即明瞭天人地格之順序。」

(四) 五格剖象與說明

天格

複姓者，合計姓氏字之畫數；單姓者，再加假添之一數，以爲天格。

此係由祖先流傳而來，故其數理，並無直接影響。然對照人格，看其成功與否，具有絕對之影響力。但天格之數理，本身並無好壞，不必重視，只可以看作父母，長上之關係。

人格

此乃姓名之中心點，關係一生之命運，一切全依人格所推移。簡單地說，就是人的「主運」

。其法係取姓中之最下字，和名中最上字之畫數合計算之。凡欲斷人之姓名，必先着眼於此，就能漸漸發現其人之中心命運，及觀察其人之性格、體質、能力的。然此人格關聯天格之數理，變化無窮，凡要知成功運者，必須十分理解，又當重視與地格之關係。

地格

此乃名之全畫數，又稱「前運」，是中年前（即三十六歲以前）之活動力。關係一生之命運甚大，與結合人格之配置，互相左右吉凶，此外又可以看作與子女或部下之關係。

外格

外格配合有三種，1.雙字姓，上面第一個字和下面第四個字合起來的數，謂之外格。2.單字姓，外面假添之一數，加名字下面字畫，謂之外格。3.單姓單名，上下假一合起來二數，謂之外格，詳細參照五格剖象之實例。其命運之靈動力，次於主運，又曰「副運」看家族緣之厚薄，或對社會之關係。

總格

合計姓名之字畫數全部，稱爲總格，主中年至晚年之命運。又稱「後運」，其對整個命運之吉凶，關係最大。對中年前亦頗有靈動。

形成人格、地格、外格、總格之畫數，以對照後篇所述八十一數之靈動，就知其吉凶之大概。

五、姓名四大運提示

姓名五格分類之方法，略如上述，綜觀除各格信別的數意，與靈導力外，須細察五格，各有的特性，與其彼此配合的關係，影響遙繫，綜合判斷方能取得完全精確的結論，例如天格本身，雖然對人之命運，無多影響，但其與人格配合的關係，仍有影響遙繫的作用，支配人之一生成敗榮枯，至爲重大，其他各格，亦皆類此，玆先由支配人之中心命運之人格部解說之。

㈠主運之影響力

人格對人生命運的影響，在五格中佔著中心的地位故稱主運，主運有良善之數者，自然富貴幸福，倘有凶惡之數者，必因而受相當的災禍，但其吉凶之程度，又與其他各格配合，有密切關係，玆特闡述如下。

舊式姓名學，以名之總畫數，看中年之命運，姓與名之總畫數，看中年以後之遭遇，此則僅有地格與總格而已，並無天地人之三才配置，譬如造盆景，調古松，尚須三才齊備，方有意義，

就易理，人相，則更須重視這三才也。由於從來之舊式姓名學，無此三才，且缺其中最切要之人人格，所以命名以及判斷吉凶，往往生出種種難以形容之誤謬。

大凡名之總畫數良善，姓與名之總畫數亦吉，但如其人格部若有凶數，其人之一生，必苦於凶災，而名之畫數或姓名之總畫數，假使微有小疵，但人格部若有吉數，且與天格地格，配合適當者，其人一生，必能享受意外之幸福。關於數理之吉凶，根據統計，人格之部位，凡有三，五，六，十一，十三，十五，十六，二十一，二十三，二十四，二十五，三十一，三十二，三十七等爲吉數，再與天地兩格之配合關係良好者，即成功運與基礎運得完全者，則一生幸福，稱心如願，繁榮吉祥，若人格部爲四，九，十，十九，二十，二十六，三十四，四十四等凶數，遇此則大都病弱短命，早絕妻子之緣，若非死別，便是生離，事業亦易失敗，終難免於孤獨逆境，或遭非命之災，至人格部爲七，八，十七，十八，等數者，意志堅強，有突破萬難之勇氣，若係二十七，二十八等數者，則剛愎過甚，多受挫難，或患疾病，且常受他人誹謗，人格部凡有二，十二，十四，二十二之數者，其親族緣薄，性情軟弱，事業不振，多爲兒女所累，所以不論何人之姓名，人格部若有凶數者，決不是良名，尤其四，九，十九，二十等數，爲最凶惡之兆，若不及早改名，誠恐不幸，禍或臨身，則噬臍莫及矣。

引證

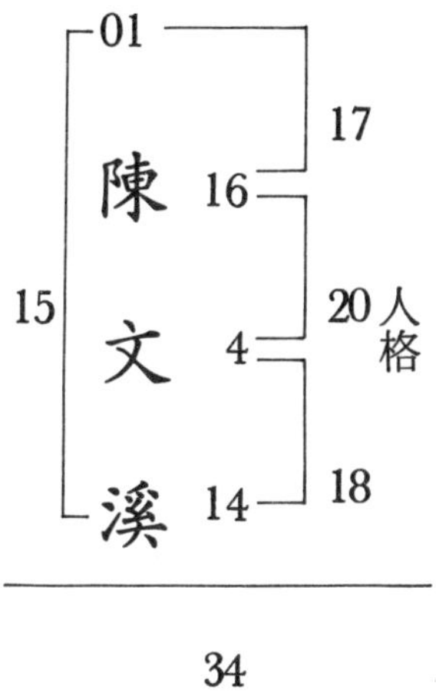

批示：

上者台北市人，因事行至延平北路，被人誤殺身死，乃主運二十數之凶靈動。

(二)副運之輔導及影響力

從主運可知人之命運中心，依外格之數理，察其強弱，此部位是輔助主運，而影響人之一生命運，具有重大之力量，所以謂之「副運」。

外格部之重要性，有如商品之包裝，商品之品質雖是上等，而包裝粗劣者，不受人重視。又如餐館，雖有上等名菜，而碗盤破損不潔，則令人胃口不佳。

副運之靈能，在姓名之剖象上，僅次於主運。凡主運雖善，而副運逢凶，則仍難免有相當之災難。必須主運副運俱吉，地格總格亦無缺點，才是幸福之人。

主副運若皆在凶數，即使前運及後運等極佳，其結果亦難免惡運或短命。

姓名之人格部及外格部，猶如人體之內部與外部組織，其間有密切微妙之關係。人格部有凶數者，大多易罹內臟之病，或呼吸器病，外格部有凶數者，大多易患皮膚病或外傷。

再以一家之家庭作喻，主運即司家長之命運，副運則司妻子，家族之命運。

引證：

01
莊 11　12
萬 13　24
山 3　16
外格 4
27

批示：

民國五十六年六月十五日，姦殺張秀妹致死，畏罪自殺死亡在荒野，父兄認領離現場一百公尺處。乃副運四數之凶靈動。

(三)前運之誘導及影響力

人格部與外格部，可謂之爲中心與外圍之關係。而地格與總格，則可譬之爲前後左右之關係。合名之文字之總畫數爲前運。但須注意，所謂前運，是指名之數理，無論一字名或兩字名，合名全部之字畫數卽是前運。而所謂地格是對照人格部而言，取其爲人格部之基礎柱石之義。例如一字名之字畫爲前運，加添假成之一數，則爲地格。而其所加之一數，與人格部之數，在配合對照上，發生基礎運之吉凶及其影響力。

前運司中年之運，亦卽自出生後，至三十五六歲間之命運，但其靈動因關聯主運，相互影響，故亦影響一生之命運。不過對中年前之命運，特別具有強大的影響力，所以前運吉數者，在少年時代，必定幸福，如果數理凶惡，則必招致不幸。

如前運，雖有吉數，而主副運有凶數，仍不能得成功與幸福，如主運與前運數理良好，其人在四、五十歲以前，必定相當平安幸福然後再看後運是名配合適當，方能斷定一生之最後命運。

引證：

01
林 8　9
松 8　16
雄 12　20 地格凶
13
28

批示：

屏東縣鹽埔鄉鹽埔村豐年路十六號，因貧窮遭輕視，而往高雄市七賢三路某旅社，服毒自殺。乃前運二十數之凶靈動。

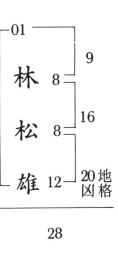

(四) 後運之誘導及影響力

後運是姓名各字相加之畫數，卽五格中之總格，總格是司三十六歲以後，中晚年之運氣，故謂之後運，但在中年亦能見及影響力，主副運皆凶者，一生多災，不得安寧，但如果後運良好者

，迨及晚年亦可幾分幸福，反之主副運雖良善，而其後運不佳者，則除非改名，否則五十歲以後，必因其凶變之影響力，受相當的凶災。

總而言之，前運對於少年時代，其靈動力最強，後運則支配自三十五、六歲以後之中晚年命運，但如自中年以後改名者，新姓名之前運，對中年後命運，亦具有影響力。

前運與後運，並非以三十六歲爲準確之劃分限界，通常在中年後，前運仍具影響力，而中年前，後運亦並非全然無影響力，只是前運在中年前，後運在中年後，所發揮之影響力較強而已。

不單是前運區別如此，天，人，地，外，總等五格亦係如此，彼此互爲因果，影響遙繫，對一生都發揮其靈動力。

引證：

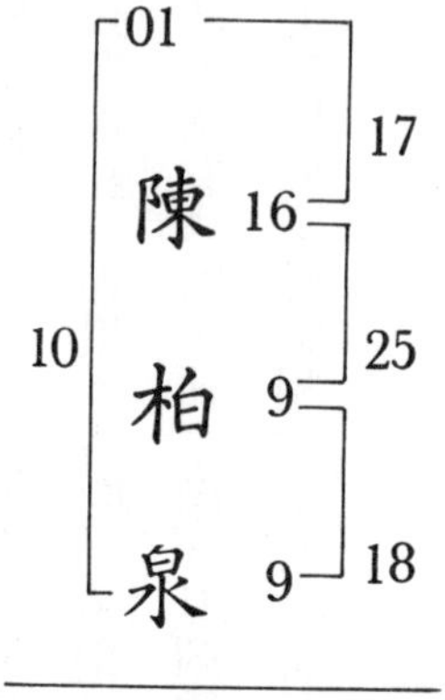

總格34　凶

批示：

民國五十二年七月上旬在台北市中正橋游泳，發生不幸溺水身亡。乃後運三十四之凶靈動。

㈤五格相互之關係

姓名五格之關係，可以譬之爲房屋。屋頂爲天格，屋內床几爲人格，地基柱石爲地格，門窗牆壁爲外格，房屋之整體爲總格。舉凡地基之一石，屋上之一瓦，有所欠缺，門窗牆垣，有破損，皆不得爲完整之房屋。而人之姓名亦然；主、副、前、後四大運之中，有一爲凶數，都不得爲健全之姓名，況人之取名，大都出於偶然，甚少能符合理想，所以在社會上得到成功，而家庭苦惱，或在物質方面稱意，而精神方面不快，種種不一，皆因由於姓名之靈動，及其數理之表現。

㈥成功運與基礎運之看法

熊崎式姓名學，不但須五格皆爲吉數，始爲好姓名。且對天格、人格、地格等之三才配置，亦須適當，若不得其宜者，多遭凶變，或患疾病，或家業根基動搖，終生惶惶不安，任其如何努力勉勵，亦不能成功。可見三才配置，至爲重要。三才之主要配置有二，卽天格與人格間之配置，謂之「成功運」。人格與地格之配置，謂之「基礎運」。此謂熊崎式姓名學之特點，欲以姓名判斷人之命運者，必須先觀姓名各格之吉凶畫數，然後再觀三才配置之良否，則可一目了然矣。

㈦成功運與基礎運吉凶實例

01

土 ● 尤 4 （天格）5

水 ○ 響 19 （人格）23

火 ● 智 12 （地格）31

總格 35

成功運 即 五—三 希望如意目的着着達到功成名就（吉）

基礎運 即 三—一 境遇頗鞏固得受部下之力更兼地位財產安全（吉）

說明：
1. 天格、人格、地格若十數以上，要扣除其盈數，將所殘餘之零數相互比之
2. 譬如人格 23 數扣除， 20 殘 3 數。
3. 地格 31 數扣 30 殘 1 數，所以基礎運即三對一也。

01

火 ● 駱 16 天格 17

火 ○ 勵 17 人格 33

木 ● 剴 12 地格 29

總格 45

成功運 即 七—三 上伸極困難勞其身心神經衰弱患肺病之難症甚者發狂變死（凶）

基礎運 即 三—九 絕對不安定有意外之變致失生命財產（凶）

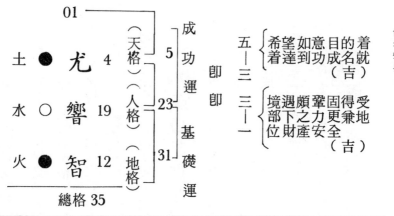

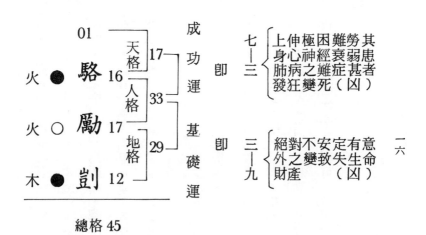

六、成功運與基礎運之數理對照表

(一)人格一或二對天格及地格之關係表

天格	人格	成功運	人格	地格	基礎運
一・二	一・二	同性相輔順利成功、目的希望平安達成（吉）	一・二	一・二	基礎安泰、而有外力相助、心志堅強（吉）
三・四	一・二	萬事如意能向上發展，且迅捷達到目的，名利雙收（吉）	一・二	三・四	成功順調，自能達其目的但天格九或十之時則天地相尅必變凶兆（吉）
五・六	一・二	外表雖吉、然而成功困難、雖用盡苦心而希望達到較遲、患胃腸病、有名無實（凶）	一・二	五・六	不變動如立盤石安如泰山（吉）

天格	人格	成功運	人格	地格	基礎運
七·八	一·二	運命被抑壓、有不伸不滿之結果，腦亦被損有罹神經衰弱呼吸器疾患等難症之慮（凶）	一·二	七·八	境遇易生變動、常受迫害、又逢部下之威脅、如坐針蓆之上好而不久（凶）
九·十	一·二	如草木受雨露之惠，其育成無障礙、而向上發展可謂一帆風順（吉）	一·二	九·十	有短時之發展，仍難免流亡病弱之虞（凶）

(二)人格三或四對天格及地格之關係表

天格	人格	成功運	人格	地格	基礎運
一·二	三·四	得受上位之照料、成功順利，自得其名（吉）	三·四	一·二	境遇頗鞏固、得部下之力，地位、財產更兼安全（吉）
三·四	三·四	得同僚之輔助，獲得意外成功，如地格五與六時、雖有一時的成功，亦變爲凶兆（吉）	三·四	三·四	雖一時盛運、而根底薄弱，乏耐久力，但天格一或二之時則吉兆（吉）
五·六	三·四	希望如意、目的着着達到、成功名就、但數理不良者卽不遇（吉）	三·四	五·六	基礎堅實、心身安泰。但天格人格三或四之時、內生分離作用、必陷於短命（吉）

七·八	三·四	上伸極困難、徒勞身心、患神經衰弱及肺病難症、甚至發狂變死（凶）	三·四	七·八	外見安穩、內實不然、家庭及部下之間、時生紛爭又易起精神過勞，及呼吸器病等症難得安寧（凶）
九·十	三·四	成功受到抑壓、且有急變難心臟痲痺、或腦溢血、自殺等災禍（凶）	三·四	九·十	絕對不安定，有意外之變，致失生命財產凶死之兆（凶）

㈢人格五或六對天格及地格之關係表

天格	人格	成功運	人格	地格	基礎運
一·二	五·六	雖有不平不滿、因有本來之德量，亦無大過，但有胃腸與腹部之病患（凶）	五·六	一·二	境遇不安、屢起變移、且易移動、而有胃腸疾患（凶）
三·四	五·六	蒙先輩上位之愛護、或得祖上之餘德，以保安全（吉）	五·六	三·四	安定、能逃災害、又得意外之進境（吉）
五·六	五·六	性格稍鈍重、易親易離、成功雖遲、大體則幸福也（吉）	五·六	五·六	大體雖平順幸福。天格五或六時，則不活潑，庸劣淺陋，鮮有貞操之品節卽凶（吉）
七·八	五·六	成功順調、自能達其目的（吉）	五·六	七·八	雖有消極之傾向，然可得安定與發展（吉）

天格	人格	成功運	人格	地格	基礎運
九・十	五・六	稍有困難、且頻發障害、然具有駕馭力、亦可達其意圖（中吉）	五・六	九・十	做事不安定、而且災禍凶運相繼、急變墮落、腦溢血或變死（凶）

(四)人格七或八對天格及地格之關係表

天格	人格	成功運	人格	地格	基礎運
一・二	七・八	雖有困難，若努力邁進、亦能成功、但多身心過勞精神複雜或患神經衰弱（凶）	七・八	一・二	外見安定、內實不然、若不慎則顛覆，易罹神經衰弱、肺患及其他之難症（凶）
三・四	七・八	成功抑鬱，除特別之例外、常不過不滿、有發狂自殺或患肺病之慮（凶）	七・八	三・四	基礎不安定、迷其本性、易惹思想上之變化、患呼吸器及腦疾、晚年益呈凶兆（凶）
五・六	七・八	上位惠澤深厚、心身健和，努力發展（吉）	七・八	五・六	境遇安固、心身安定、德性堅實、而能奏大功（吉）
七・八	七・八	固性偏狹過剛、不和或有不測之禍、釀成夫妻常生爭端、致泣於不幸（凶）	七・八	七・八	過於剛堅，反遭災難，陷於不和孤僻，天格七或八時有害於健康、災厄愈甚（凶）
九・十	七・八	萬事順調，達成目的但驕者必敗（吉）	七・八	九・十	不免苦而自苦、有轉變不幸之悲運（凶）

(五)人格九或十對天格及地格之關係表

天格	人格	成功運	人格	地格	基礎運
一・二	九・十	雖能成功順調、但家庭不幸、半福半禍也、數理若凶不時更甚（凶）	九・十	一・二	草木受雨露之潤、成功順達向上發展（吉）
三・四	九・十	雖有大成功者、然多雜亂困窮而惹禍（凶）	九・十	三・四	急禍、急變、大災襲之、恐患心臟之疾（凶）
五・六	九・十	勞而無功、反受災難、又招人嘲笑、家破財失（凶）	九・十	五・六	表面若安定、未知何時被捲入不安、有毅力亦可達目的（凶）
七・八	九・十	受意外之照料。有父祖之惠澤、數理若凶，必招家庭上之困難及病難等噩運（凶）	九・十	七・八	基礎鞏固，財名兼得，如有數理之凶、多有不平不滿之事（吉）
九・十	九・十	素行不修、荒亡散敗、與地格之關係雖有大功、亦變爲泡沫夢幻之人生凶禍（凶）	九・十	九・十	雖有發揮一時之大勢力、恐變爲意外之災、及孤獨悲運（凶）

(六)急變、災禍之配置

●腦溢血、心臟痲痺、急難、災害、自殺及其他急變之三才配置表

天格	人格	地格	天格	人格	地格
無論何數	五又六	九又十	三又四	九又十	三又四
五又六	九又十	五又六	五又六	三又四	九又十
九又十	三又四	九又十	九又十	九又十	五又六

●發狂、神經衰弱、肺病等長患、難治之三才配置表

天格	人格	地格	天格	人格	地格
七又八	三又四	七又八	七又八	一又二	七又八
三又四	七又八	三又四	一又二	五又六	一又二

●負傷遭難等、皆他動的外傷、危險之三才配置表

天格	人格	地格	天格	人格	地格
七又八	三又四	九又十	五又六	九又十	九又十
七又八	七又八	九又十	三又四	七又八	九又十
九又十	九又十	三又四	七又八	五又六	九又十

七、三才之配置（數之五行）

三才者，謂天地人也。姓名學以天格、人格、地格稱爲三才。三才配置之良窳，關係整個命運之吉凶。良善者身心健全，諸事順利成功。不良者運途多舛，甚至孤貧逆境。許多姓名學專家僅重視五行之配合而忽略三才之重要性。茲將三才配合吉凶判斷便覽列左以爲參考。

天格	人格	地格	三才配置誘導之命運
木	木	木	基礎安定，希望能順利到達。家門隆昌，身心健全能長壽，若連珠局更佳。（吉）
木	木	火	聰敏機智，善體人意，頗得人緣能順調成功、福壽雙至。（吉）
木	木	土	穩健着實步成功，境遇堅固如座盤石，甚爲安泰。身心健康，幸福長壽平安自在，但對部屬不可過嚴，應宜寬待。（吉）

木木金	縱有成功之運，但境遇多舛常受迫害，常有變移，難得平安。爲部屬損失煩勞。又有腦神經或患肺氣管之疾患。（凶）
木木水	一時成功順調發展。若不知節制放蕩，恐招失敗之患。因而憂悶、病弱，易患腎、耳、骨等疾。但總格、外格有火制者，略能順調健康。（凶）
木火木	得天時、地利、人和，頗能順利發展，幸福長壽。（吉）
木火火	少年得志，自信心過強，又乏忍耐力，而求急進。致失去檢討而招失敗，火氣旺盛，若處事三思而行，自得成功。（吉）
木火土	受長輩的引進，得成功順調發展。爲人熱情，對下輩親切，甚獲衆望，長壽幸福、理想之配置。（吉）
木火金	雖有一時的順調成功，無奈基礎不穩，致家庭遭變故，事業不振，身心過勞易患神經衰弱、皮膚等疾。（凶）
木火水	事業發展之初，恐遭意外災厄而消失。有急變、殘廢、急死，易患心臟痲痺、腦溢血等症之慮。（凶）
木土木	命運被壓制難予成功。境遇不安易生變動，又有呼吸器官及胃腸之疾患，成爲孤獨之命。（凶）

木土火	社交人緣好，能受人歡迎，基礎運健全，得受部屬協助，自能成功發展。（吉）
木土土	成功運雖差，但基礎運安定，若能克服困難亦有成功希望。唯心胸過寬，易受他人欺騙而損失，小心行事自得吉祥。（吉）
木土金	成功運雖差，但基礎運安定，若肯努力邁進亦能成功。（中吉）
木土水	成功運難予伸張，易急變沒落，招來不測之災禍。易生輕微腹疾。（凶）
木金木	雖能成功，但難持久，勞心費神影響腦筋，或遭不測之險。家庭亦多不幸之災難。（凶）
木金火	基礎不穩，成功運欠佳，易患神經衰弱及呼吸器疾，至發狂、自殺或遭變死之禍，數吉者可化爲平常。（凶）
木金土	成功運雖不佳，若肯努力，亦能獲得相當之發展，但容易身心過勞，而招不幸之病難。如易患肝、胃疾患，幸境遇安定。（凶）
木金金	成功運不佳，頑迷過剛，易生不和之爭。陷於非難、孤獨、甚至腦疾，家庭易生離散（凶）

木金水	成功運不佳，煩惱不安。易生急變沒落之運。而患腦溢血或其他病難遭難，急死之慮。（凶）
木水木	成功運頗佳，境遇又安定，喜助他人。惟數理凶者，易遭病難，短命，家庭諸多不幸等煩惱。（吉）
木水土	雖獲一時成功發展，無奈基礎不穩，易遭突變、急禍或病難，又尅妻而生不幸之慮。易生心臟、腦部之疾。（凶）
木水土	一時雖可成功，但會逐漸崩潰而歸失敗。有突變、災難、疾難等不意之災禍。（凶）
木水金	雖有成功佳運，基礎安定而財名俱得之配置，惟因數理凶，故易生不平不滿害腦病弱之患，唯數理特吉者，有大成功之發展。（凶）
木水水	有成功一時之運，奈易遭破亂，釀成轉變，或有病難，家庭不幸，不過有出豪富長壽之可能，數理吉者保平安。（半吉）
火木木	爲人勤儉好勝，頗得生機而能前進，基礎境遇俱佳。有長壽享福之良好配置。（吉）
火木火	成功運基礎運俱佳，能順利發展之運數，身心健康，得享長壽榮富，但喜助他人易受人利用。（吉）

火木土	向上進取容易成功而富貴。基礎猶如立足於盤石之上，安如泰山，身心健全得長壽。（大吉）
火木金	縱能成功一時，究因境遇多變，缺乏耐力，轉變移動身心過勞，易患腦神經或胸部之疾。（凶）
火木水	爲人機智，能渡過一段安定時期，但家庭易生離亂，尤其急變災難，或因急症而失去生命財產之暗示。（凶）
火火木	盛運隆昌，扶助或共事者亦得一帆風順而成功。基礎穩固且安定，身心健全得長壽享榮譽。但色情宜節制。（吉）
火火火	雖有急進的發展，但因基礎不穩，又乏耐力及反省力，易遭失敗。易成易敗之配置。防心臟血管之疾。但有連珠局便佳。（半吉）
火火土	外表吉祥，雖可成功發展，惟過於急迫，且缺乏耐力，因而易生分離作用，若忍柔當事保持吉祥。（吉）
火火金	雖得一時成功，但內心常不安，心身過勞，易患腦或呼吸器等疾病，有尅妻子之慮。數理吉者，略有補救。（凶）
火火水	非常不安定的命運，容易遭意外之變故。有失財害命之慮。尤其有因腦溢血、心臟麻痺而急死之可能。（凶）

火土木	雖有長者之提拔，或祖先之餘蔭，因而成功發展。但基礎不穩，難免有變動，易患腹部胃腸之疾。（凶）
火土火	得長者提拔父祖之德，易成功發展，境遇安定身心健和，得長壽享福之氣運。（吉）
火土土	有長輩之栽培或承父祖之餘德，易向上發展，境遇安泰，身心健全，得長壽享福。（吉）
火土金	得父祖之遺業，長輩之提引，而可成功發展，惟因有消極之傾向，易生身心過勞，但能平安吉祥。（吉）
火土水	得長者提拔或父祖之遺業，而可成功於一時，但有急變沒落或遭遇病難，以致急死之慮。（凶）
火金木	命運被壓不易成功。易招失意，妻離子散，損呼吸器或發狂變死，遭遇不慮之禍患的凶配置。（凶）
火金火	命運被抑不能伸張，基礎不穩，傷腦害肺，甚至發狂遭遇不慮之變死的凶配置。（凶）
火金土	成功運被壓難伸張。常有煩惱與困難，身心過疲，易生腦、肺之疾。有遭難之慮。數理吉者能轉安定之勢。（凶）

火金金	命運被制難伸張，易生不平不和，害腦損肺，有遭難之慮和陷於失子孤獨之不測。（凶）
火金水	成功運被制，不能伸張，有陷於不測，患腦溢血、心臟痲痺或遭難急死之慮。（凶）
火水木	成功運被壓制而不能伸張，易遭離亂困苦，招致急變不測之禍，不過也有出乎異常而成功者。（凶）
水水火	絕對不安定，易生急變死亡災禍，或家庭離亂遭離，病難之慮等。甚至有發狂自殺之可能的凶配置。（凶）
火水土	成功運被壓，不能有所伸張。時常苦悶、煩惱、困難，若非病弱短命，即是遭難變死，是招致沒落之凶運數。（凶）
火水金	基礎運似乎安定，但成功運被阻，以致難得發展。時常苦悶、煩惱，因易患病，遭難，家庭不幸，多災難，不祥之配置。（凶）
火水水	絕對難以成功，陷於離亂困苦。有病難。急歿、家庭遭難等不幸，但却也有出非常的急成功者之可能的配置。（凶）
土木木	乍看似乎運氣不錯，然而苦悶煩惱特多，有遲發達其目的之缺點。惟稍可得平安之配置。（凶吉）

土木火	外表運氣似佳，然亦有困苦煩悶，惟數理極佳者，可能發展，改善境遇，獲得平安（半吉）
土木土	成功運不佳，常有困苦煩悶，雖遲遲難達成希望，但總可得安定。有患神經衰弱或其他病難之慮。（凶）
土木金	少有成功的希望，平常感受迫害而覺不安，患神經衰弱呼吸器等之疾。其境遇轉動變異不知所止。（凶）
土木水	成功希望甚微，有苦悶煩惱之苦，易流離離亂，而招致病難。也有因急變之災而失財害命之慮。（凶）
土火木	希望早達，易成功發展，基礎穩固，身心平安，可得幸福長壽之配置，惟數凶者易患腦疾之缺點。（吉）
土火火	雖容易成功達到目的，但缺乏忍耐力，若能柔和謀事，富學藝才能，揚名得意獲得成功。（吉）
土火土	極易達到目的，成功發展飛黃騰達。基礎穩固安泰，身心健全可得長壽享福。（吉）
土火金	成功運雖佳，希望目的亦可達到。惟因身心過疲而致病弱，或因基礎不穩而招致家庭之不幸。（凶）

土火水	可得一時之成功，惟基礎不穩，易遭突變，尤其易生急難致死之慮。（凶）
土土木	雖可獲得成功發展，但因基礎不穩，而生變動，且有患腹部、胃腸、神經衰弱等病之慮。（凶）
土土火	可獲意外的成功發展，有名利雙收之運氣，且基礎穩固安泰，免除種種災禍可得幸福長壽之大吉配置。（吉）
土土土	雖成功運佳，可以達到希望目的，並得平安之境遇，惟在數理凶時難免不足與苦難，若爲婦卽不重貞操。連珠局更佳。（吉）
土土金	一帆風順成功發展，目的平達災禍卽免。境遇安泰，身心健全，可得長壽享受幸福（吉）
土土水	雖可成功於一時，但因基礎欠穩，而易招致崩潰失敗。甚至有急變急禍而失財之慮（凶）
土金木	雖可得長者之提拔而成功發展，惟基礎不穩，或尅妻子或有意外之遭難，腦疾之慮，務必注意。（凶）
土金火	雖有先輩栽培，可獲成功之發展，惟因境遇不安，易生肺疾腦病。家庭多破亂。（凶）

土金土	承蒙上司引進，平易成功發展，基礎運堅固，境遇安泰，身心健和，可得長壽享福。（吉）
土金金	成功運佳，名利雙收。只因性情過硬，與人不和，若能和氣待人自得成功。（吉）
土金水	雖有成功運可期發展，惟有意外之災害，或陷於急變沒落之悲運，有遭難外傷急死等不幸。但數理及字星吉者反吉（吉）
土水木	成功運被壓不能伸張，徒勞無功，身心過勞而病弱，常有不滿有陷於突發之災禍或家庭之不幸，甚有短命可能。（凶）
土水火	成功運欠佳，被壓不伸，多生破亂變動。尅妻子或突生變之難，甚至因此而有失財傷命之慮。
土水土	成功運被抑壓以致不能伸張，境遇不安，凡事徒勞無功，易遭不測之禍，尤其易患腦溢血、心臟痲痺等症。（凶）
土水金	有不平不滿之心理，以致多遭變動，而心神欠安，因之多病患，如遇安定之時，又會無風興浪發生急變。（凶）
土水水	人格被抑壓，似乎難有伸展，離亂多變，有病疾，家庭遭變之不幸，但也有出乎異常而能發展者。（凶）

金	木	木	雖有才能難得貴人提拔，縱有發展機會，也會被壓抑而不能如願，易患神經衰弱，甚至半身不遂之疾。（凶）
金	木	火	力不從心，所謀之事，大多半途而挫折，又難得長上垂睞，結果易生腦病，神經失常變死等不幸。（凶）
金	木	土	既無人援助，又與屬下難合，易身心過勞，神經衰弱而陷於孤立，但金錢上仍得安定。（凶）
金	木	金	上下夾攻，孤立無援，易受迫害而難達成願望，坐臥不安，有腦疾、肝肺部份症狀，急死橫禍。（凶）
金	木	水	本身雖無多大進展，但有後裔能克振家聲。早年難免易遭失敗，身心注意健康，晚景即轉入佳境。（凶）
金	火	木	因人格尅傷天格，以致難有伸展，少年運雖有得意之事，一到中年一籌莫展，易患腦神經肺病變死之不祥。（凶）
金	火	火	心情急燥有不平不滿不安之心理。初年能有急進發展。但運入中年突生變化，精神受打擊影響腦部，肺部發狂之症。（凶）
金	火	土	境遇稍得平安之時，却不滿現狀。另圖他事以致失敗。陷入苦悶積而成腦肺疾病，招致發狂短命之不祥。（凶）

金火金	基礎未穩固之時，又遭打擊壓迫，因之身心過勞，易患肺病、發狂、遭難、變死或有妻離子散之不幸。（凶）
金火水	上下不得緩和，事又被抑壓難有進展，孤立無援、焦急、有心臟痲痺、腦溢血、遭難、急變之死，家族緣薄。（凶）
金土木	雖可順利成功達到目的，然因基礎不穩易生變動，有胃腸、肝臟等疾病。且家庭發生齟齬不和之慮。（凶）
金土火	有異常之發展機會而得成功，名利雙收境遇安定，但地格尅天格亦有意外不幸。腦溢血等疾病。（半吉）
金土土	順利進展以至成功，名利兩收，又境遇安泰身心健全，可享長壽幸福，吉祥之配置（吉）
金土金	平生樂於助人，大致可順利達成願望。能節制色慾，身體卽健壯無碍福壽雙全。（吉）
金土水	基礎運不健全，若穩實持重，事業卽獲得順利成功，但有突發災禍易患敗腎腰痛、婦人病、子宮炎。（凶）
金金木	縱使獲得成功發展，但因剛猛，易爭論是非而不和，有損妻子或半身不遂、車禍之危，當愼之。（凶）

金金火	可能發達之運數。但因身心過勞，易生腦溢血、肺病，以致境遇不安定，離亂、變動之配置。（凶）
金金土	容易成功達到目的，身心健全，但數理過剛倔強，倘若待人和氣，必獲成功。數理吉者有權威。（吉）
金金金	有發展成功之機會，然因頑迷過剛，以致有口舌之爭失去人和，家族離亂，而孤獨，禍亂特多之配置。（凶）
金金水	基礎穩固成功運亦佳。但嫌個性頑強，與人不和以致影響事業，有急變，遭難之危險。（凶）
金水木	雖能承受父祖之餘德、前輩之提拔，而可獲得意外之成功發達，惟有陷於家庭之不幸等，至病弱短命之危險的配置。（凶）
金水火	幸得長上之引進或父蔭，而獲得幸福或事業之進展，無奈基礎運不佳，以致損妻子及突變致死之禍。（凶）
金水土	基礎運不佳，將站不穩而逐陷入艱難辛苦。病弱以致抑鬱而死，或有急難、急禍之危險。（凶）
金水金	能獲上下之厚緣而提拔愛戴，得意外之成就，無奈數理帶凶，自有不能預測之災禍降臨。（半吉）

金水水	承父祖之餘德，長者之提拔，可向上發展，而有異常之成功，但大都飄流異鄉因數帶凶，離亂急變等等不幸。（凶）
水木木	得長者之提携，而順利發展成功，基礎安穩身心健全，榮華隆昌，得長壽享幸福。（吉）
水木火	能成就事業，得上輩器重，無奈天地水火相尅，故家庭離亂，有發生不祥之可能，惟數理特吉者稍得平安。（半吉）
水木土	基礎運雖有困難，惟能克服堅定基礎而獲順利成功，泰然自若長壽享福。（吉）
木木金	早年境遇不穩，然得父蔭或獲長上之提拔，至中年大有成就，但身心過勞，易生肝脛病疾或外傷之厄。（凶）
水木水	一生多飄泊不定，雖然可得人幫助而得成功，但因行動輕浮而遭失敗。（凶）
水火木	基礎運雖安固，但到有成就時，且易受迫害。以致將成猶敗，招來腦溢血、心臟痲痺，遭遇不測之災。（凶）
水火火	成功運被壓，不能有所伸展，且有急變之災禍，或陷於失妻子、短命，甚至殺傷變死及其他極度不祥事。（凶）

水火土	基礎運似好，惟財來財去，以致中年力不從心，無法進展，家庭分離不和，意外遭遇，短命等不幸。（凶）
水火金	成功運被壓抑不能伸張，且與部屬難與相處，易生身心過疲、病弱、妻子生離死別之苦。（凶）
水火水	萬事不如意孤立無援，不僅困難重重，風波不息，且易患腦溢血、心臟痲痺或其他突變之災難而死。（凶）
水土木	基礎運不佳，難獲部屬擁戴，又不能獲得長上之諒解，故謀事多阻，不易成就，易患胃腸、肺勞等疾病。（凶）
水土火	外觀一見穩定，其實家有明爭暗鬪而不和，而成功運雖有財利易失，若基礎運健全，可保平安。（凶）
水土土	做事稍有遲鈍，安於現狀，能平安保守，能平安保守。（吉）
水土金	早年處事消極，無顯著進展，中年後漸得發達，基礎安穩吉祥。（中吉）
水土水	事業容易崩潰，障碍特多，難予成就，爲人頑固，四面楚歌，有急變之災厄，易患腎機能及胃疾等。（凶）

水金木	雖能成功發展，惟因基礎不穩定，常有變動，易尅妻子，或遭難外傷，等之危險的配置。（凶）
水金火	雖有成功運，惟乏基礎之穩，有眼前之迫害，因過勞而致肺疾，急變急死之凶配置。（凶）
水金土	順調進展，易達成目的，基礎運平穩，身心健全，可得長壽享福。（吉）
水金金	成功運良好，可向上發展，無奈個性頑強易失人和，但數理文字星特吉者反爲吉兆。勇氣而能成功。（吉）
水金水	有成功發展之運氣，但因樂於助人而受累，以致陷入不幸境遇，有色情之難，宜愼之。（凶）
水水木	境遇安定，成功發展出乎異常，但大致性情放蕩不羈，易生意外之變動。若色重病，宜愼之。（凶）
水水火	意志似乎堅定，其實飄浮不定，偶而有成，總因心理不定而招致失敗，有急變之災難，妻子有碍。（凶）
水水土	時晴時雨變化無常，雖得一時發展，奈何境遇不穩，有不測之災難，陷於遭難、疾病、短命、家庭不幸等。（凶）

水水金	有出乎異常之大成功而名利雙收者，但因自我爲中心過強，傲慢好動而不知自制者反而失敗，有疾弱、流離者。（凶）
水水水	素行不檢，流離失所，點點轉移，爲不遇之悲運，有病弱、短命、孤獨，但亦有出異常豪富長壽名望家，若有連珠局者大吉。（凶）

五行生剋釋義

相生：木成火　火化土　土產金　金生水　水育木

相尅：木滅土　火熔金　土止水　金削木　木消火

相和：木和木　火和火　土和土　金和金　水和水

八、三才與五行

(一)三才連局靈動便覽

天格	人格	地格	總格	三才連珠局之靈動暗示力
一	一	一	一	大森林之象，可得茂盛長存，萬象藏寶，有成功發達之兆，能得向上發展，多計謀，或有不屈不撓之精神。（大吉）
二	二	二	二	可得同性相輔而成功，或有所希望到達，受得力者之惠澤，但他格有金者卽害，喜水相蔭。（吉）
三	三	三	三	太陽熱光之象，萬事可以急成功之兆，早得成名得利，好與人競爭，含有藝才智能，可立身創造大業。（大吉）
四	四	四	四	太陰光照之象，受天賦之良緣，宜柔溫可以處世，名譽高望，最合女性，他格有九數者不宜。（大吉）
五	五	五	五	泰山不動之象，受人尊仰，高峯獨聳，志望高，平安幸福，喜木水，

				忌金他格有火者不宜。（大吉）
六	六	六	六	同性相和之象，軟土無疊實，一旦有土重疊即崩，但一生可得安穩幸福，最忌女性恐有破害貞操，男多艷福。（吉）
七	七	七	七	刀槍未頑剛義氣，出口不顧忌，可打破萬難之勇氣，從中有救助者，宜男性不宜女性，他格有水木。（大吉）
八	八	八	八	銳利刀槍之象，由快受人誘迷，捨已成仁，可得大事大業，可辨人是非明白，有研究心強固，他格有火不宜。（吉）
九	九	九	九	好自己所向目的到達，富有智能機敏，性直進奏破天荒之大成功者，或有異常富豪，名望家，發明家。（大吉）
十	十	十	十	流動變轉，雖有一名的大勢力，可得大成功，無持久力，但有名利雙收，只豐守富源，他格有土即可。（吉）

㈡三才（天格、人格、地格）同一五行之靈導

很多姓名，常會三才偏於同一行者，多顯現極端之命運及性格，此是三才同一之變化所構成的，其靈動有時逢吉即吉兆，逢凶即凶兆的極度，故姓名有此大體為不善也，茲舉列表如左。但

連珠局者反之大吉也，八字中應欠其五行者用之更爲大吉。

天格	人格	地格	靈動及誘導暗示力
木	木	木	性格溫順而穩健，富有忍耐力。（木多卽鬪）宜金運卽吉
火	火	火	急燥不沉着，缺乏忍耐心。（火多卽滅）宜水運卽吉
土	土	土	快熱快冷，缺乏通融性。（土多卽崩）宜木運卽吉
金	金	金	頑固不堪，器量狹小，多遭難。（金多卽險）宜火運卽吉
水	水	水	漂浮不定，缺乏固定性，荒亡。（水多卽漂）宜土運卽吉

(三)三才相生與相剋之迹象

三才相生	生平遭遇
天格生人格	必受父母長上寵愛，或有貴人援助，祖先亦有餘德。
人格生天格	對父母孝順，盡忠於長上。服從上峯，顧主爲義。

人格生地格	必愛顧子女，或部下妻子緣厚，同情部屬感情和睦。
地格生人格	必受子女孝順，或部下之援助得賢惠妻宮。

三才相尅	生平遭遇
天格尅人格	受長上父母壓迫勞而無功，有正當之理難以洽通。
地格尅人格	必受子女不孝，反逆，或部下陷害，被妻室尅制。
人格尅地格	與妻室子女緣薄，或與部下不和，多反覆不從於事。
人格尅天格	對父母長上不孝，逆運，或不服上峯，自端自行。

九、熊崎氏數理解（觀人性格之秘訣）

此乃日人熊崎姓氏名學之特點，觀各人姓名人格之數理，卽可推知其人之性格。

方法：譬如欲知王雲五先生之性格，將王之四畫，加雲之十二畫，爲十六畫，卽是人格部之數，再去盈數之十，將所餘之六數，對照下面之數理表，就可知其表面之性格，至其內在之性格，則藏於四與二之數，所以無論何人，循此法推理，就很容易明瞭任何人性格之表裏了。

人格部有一數之人

人格部有十一，二十一，三十一，四十一等數者，個性沉靜，重理智，外表溫和，但實力內蘊，有不屈不撓之精神，惟稍有猜疑心，若與他格無不利之配置，事業前途定必出人頭地，家庭亦很幸福，但此數之人貪財而多情。

人格部有二數之人

人格部有二，十二，二十二，三十二，四十二等數者，其個性隱忍不動，精神不屈，善耐艱困，表面溫和，內含怒氣，若個性較固執者，有嫉妬心，貪財又好異性，故往往自毀身心，宜戒之。

人格部有三數之人

人格部有三，十三，二十三，三十三，四十三等數者，如炎炎燃燒之火，富活動力，手腕靈敏，才智兼備，感情豐富，但忍耐力不足，爲一愛好權勢聲名的人。

人格部有四數之人

人格部有四，十四，二十四，三十四，四十四等數者，外表極穩靜，似有沉鬱之性，但內則急進暴躁，長機智、善舌辯，因性格之表裏矛盾，故萬事徒勞無功，易遭災害，有好權、慕名、虛僞、多病、體弱、短命，家屬緣薄，家庭不幸等缺點。但有二十四數者，多溫和有智謀，能獲得錢財權利名譽。

人格部有五數之人

人格部有五、十五、二十五、三十五、四十五等數者，內擴強烈之情，外則至爲溫和且有雅量，富同化力及同情心，穩健沉着，所以多蒙長上之愛護，亦受下屬之敬愛，借感情善變，易與人接近，亦易與人疏遠。榮譽心強爲其特長，稍有嫉妒心是其缺點，宜戒之。

人格部有六數之人

人格部有六，十六等數者，表面溫和，內裏剛強，能獲相當之成就，及享家庭之幸福，但二十六，三十六，四十六數者，有俠義之風，富同情心，奈變動不定，多病，生涯不能安定，有傑出者，亦有愚蠢者，若不與他格之配置愼重鑑定，恐難正確判斷此數之人，此格之人好名多情，有猜疑嫉妒心，宜戒之。

人格部有七數之人

人格部有七，十七，二十七，三十七等數者，欠缺同化力，器量雖不大，但爲鍊就之刀劍，頗爲銳利，亦似敲鼓之音響，有不屈不撓，果敢決斷，堅強持久，及好權勢，多情等特性，惟有誇大狂。

人格部有八數之人

人格部有八，十八，三十八等數者，剛毅木訥，心情堅定如鐵石，頑固而無通融性，致社交不圓滿。又因行動過於果斷勇猛，與他人多爭論，易招危難，其貌似未洗鍊之鑛石，有堅強之耐久力，對事則愛抱不平，若能善加修養，必成光明磊落之人格。

人格部有九數之人

人格部有九、十九、廿九、卅九或四十九等數者，好動，片刻不能靜止，性極淡泊，且變動不居，理性發達，富有謀略，貪財好權是其特性，易陷於放縱荒誕，是其缺點，宜戒之。

人格部有十數之人

人格部有十、廿、卅、四十等數者，如井水或湖沼之水，沉滯不動，才智雖強，但缺乏活動性，一旦時機來臨，又會變成大海，似強濤駭浪，不可端倪，亦好權愛財之性。

總之，姓名秘訣，乃知人性格，又能改造性格之靈科學也。

十、姓名吉陰陽的配置（雙數爲陰，單數爲陽）

吉陰陽之象

○●　●○　●○○　●●○　○○●　○●●　○●○○　○●○●

●○●○

○○●○　●○●○　●●○●　○○●○●

○●○●●　○●○○●　○●●○●

●●●○●　●○●○○　●●○●○

●○○●○　●○●●○　○○○●○

○●○○○　○●●○○　●○●●●

●○○●●　○○●●●○　○●●●○○　●○○●●●

以上吉陰陽之象，照此式樣，卽爲配合和順。若姓名及商業店名，陰陽乖忤，刼數難免。

全陰全陽之象

○○ ○○○ ○○○○ ○○○○○

●● ●●● ●●●● ●●●●●

此姓名陰陽象，全陰全陽之象，陽自陽，陰自陰，如男自男，女自女也。陽以陰爲家，有陽不可無陰以維之，有陰不可無陽以和之，大而天也，小而至於人，及造物皆然，陰陽二字不可離也。內經云：孤陽不生，獨陰不長。此論男女種子之陰陽也，若姓名或店名字號，文字全陰全陽者，剛而柔也，或先困苦而後得時運富貴者也；或先得時運而後災害者也；或有奇疾，或犯異刑，惟是陰陽之偏，造化之專，一得時運必激烈，瞬息之間而爲世上之偉人，爲天下之英雄俊傑，皆緣造詣之偏，而成爲器用之大材焉。

十一、八十一數之靈動

萬物之根元是數，宇宙仍是數。所謂數者始於一，終於十，終再復一，周而復始，循環不已，永劫無疆，層序不亂，此卽大宇宙之眞理所動。其十稱爲盈數，與「零」相同。若以哲學言之：卽是時間，對其時間，又有空間，此所謂現象界。而天地間之森羅萬象，皆因此現象界之生成化育而動之。

數之變化，迅速無窮，其運用方法，亦各有異，然其理仍歸一也。而鼓勵其生成化育之基本者，卽自一至九之數的離合集散。現代科學之根底，也不外於此。

按以上之原理，九數相乘之九九八十一數，是數理之數，非數目之數，所以其各數，含蓄有宇宙之大自然力，其力有吉凶者，如天地有陰陽，物有剛柔表裏，其理相同。

所以凡組成姓名之文字，各有字畫，而其畫數，各有靈動，以生吉凶而支配人之命運。

而姓名所有之八十一數之靈動力者，乃五格之各數，互相接觸，或抱合或反撥，而生變化，非單一格，或兩格之數理，就可以判斷，須要查考各格之數，及綜合全部之數理，然後可以判斷

其吉凶。故八十一數之靈動力，乃左右姓名生吉凶之根本。玆詳細說明於下：

單位數（一至十數）之靈動

○……吉　△……半吉　×……凶

○　一（天地開泰）

天地開端創始之象，有始收，富貴，長壽，乃爲大吉祥之數，但宜靜不宜動，靜可得良機，如旭日東昇，以溫和步驟，可獲大成功，健康，榮華，名譽，終身幸福之命運也。因數過好恐常人不堪當之。（吉）

×　二（混沌未定）

大凶惡之數，係混沌三才尙未分之象，無獨立之氣魄，常失進退之決斷力。有如萍之飄動未定，多遭苦難，病弱，變動，短命之數也。若得心安靜，與好數格之伴相處，免致夭折。一生力弱破壞無常也。（凶）

○　三（進取如意）

爲進取之數，陰陽抱合，萬物成形確定之象。名利之表徵。有天賦之富貴。併得揚高名。且有子孫之福。智慧敏達。心廣體胖。足有領導能力。能建偉大事業。實前途無限之大吉祥也。

（吉）

×四（朔體凶變）

凶變之相，稍缺精神的發達，不具不整，自滅之兆，身體病弱，夭折，變死，發狂，放浪，破滅之最大凶之兆，或因遭遇大困難大辛苦。招致災禍，遂成不完整之人。其中有孝子節婦，怪傑等出自此數者也。（凶）

○五（福祿壽長）

陰陽和合之象，家庭和順榮昌瑞祥之數也。精神清快性溫和敏感。身體健康，福祿壽長，能受長者寵愛，亦能受一般所敬愛，無所不至，或中興之祖，或出他鄉成家復興，絕家如其不然，有富貴榮達，一舉成名之福，富於道德心，樂善好施，乃福德至也，可謂金甌無缺矣。（吉）

○六（安穩餘慶）

萬寶集一門，福自天來之大吉祥能興家立業，有大富或聲譽之運命，如配合不齊，恐意志不固，即不能享受此天惠之幸福，但亦不至於大敗，終身得安穩餘慶。（吉）

○七（剛毅果斷）

情剛之數，恐因情過剛，流於感化，而失却內外和感，招致辛苦艱難在所難免，元來旺於精力，遇有挫折，重振精神加倍，能排除萬難，獲得大成功，婦女有此數者，難免有男性之傾情，

切愼留神溫和養德，定蒙吉星照耀，方無過失。（吉）

意志堅固，忍耐力強，無論善惡要貫徹己志而後已，從喜漸進而勇往邁進，定可排除萬難，成功之幸運，如因他運配合不妙者，或有遭遇厄患。（吉）

○八（意志剛堅）

×九（興盡凶始）

興盡轉敗之數，陷入窮途，逆運，慘淡，悲苦，或小離親失怙恃，或病弱，遭遇災害，不然即非短命夭折，甚之刑罰，不測禍厄而至，主運有此數者，凶莫大焉，即或一身得免災害，亦難免配偶喪失，缺子息之嘆，實乃一大凶數，但有出奇之怪傑，富翁，出自此數者。（凶）

×十（萬事終局）

萬事終局之運數，乃宇宙虛空，萬物恢然，有此數者其凶惡更甚於九數，多於呱呱之聲出自於家破人窮之門戶，一生嘗盡苦楚辛酸，前途暗淡，難尋出光明路線，境遇至絕崖之象，此運數大抵乏氣力，屢做屢敗，遂致家破財散，或眷屬離散，多陷於困苦，或病弱，遭災難，刑罰等非運，但三才配合不得其宜者，大都中年前後，編入黃泉之客，然萬中亦有一二例外者，絕處逢生，能成功者非無矣。（凶）

十數位（十一至二十數）之靈動

○ 十一（挽回家運）

恰如草木逢春，枝葉沾露，穩健着實，必得人望。乃陰陽重新復合，享有天賦之幸福。萬事順序發達，穩健着實。次得富貴繁榮，有再興家之格。得挽回家運。平靜和順之最大吉數也。（吉）

× 十二（意志薄弱）

薄弱無力，孤立無援，外祥內苦，謀事難成，有無理伸張之象。若不顧薄弱無力，企圖不相應之事。反遭失敗，凡帶此數者，大抵家屬緣薄，孤獨，遭難，逆境，病弱，或殺傷凶變，不如意困難等。又因他運之配合而出意外之失敗。甚至有夭折不能完壽之悲運。（凶）

○ 十三（智略超群）

博學多才，富有智謀奇略，善於忍耐，長於處事，任何難事，巧於措施，妥爲處理，而能獲得大功，享有富貴榮華之好運數。才智過人是其特長，天賦吉運能得人望。若善用智慧，可得成功。（吉）

× 十四（淪落天涯）

沉淪之象，家族緣薄失怙恃，缺子，兄弟姊妹離散，孤獨，難獲天倫之樂，凡事不如意，有如沉下水底之石，一生暗淡，辛酸，危難，遭厄，勞而無功，能戒虛飾，從事誠實，節儉者，可化凶爲平常也，但他格配合不宜者，有短命，刑罰，死無藏身之地也。（凶）

○ **十五**（福壽拱照）

無上榮幸之吉運數。財子壽全備，圓滿之象，人溫和恭謙之精神，能受上峯提拔，得立身成大業，德望高。獲富貴榮譽響及子孫，慈祥善德，大吉昌之運數也，實難多得。（吉）

○ **十六**（貴人得助）

同化之象，得成爲首領，占上峯稚量厚重，集名望於一身，能獲衆尊仰，成就大事大業，富貴榮達之數，故謂逢凶化吉，最忌倨傲。（吉）

○ **十七**（突破萬難）

權威高而固執己意。性短缺包容力，知自己之非，而無法改正，不容許他人成見。貫徹己意到底，故難免有失人和。如善自矯正劣處。以其意志堅確。有突破萬難之氣魄。當可獲得大成功。不然卽時有招致大失敗。或其他災厄。切須謹愼。女人有此數者，易流於男性。若能涵養女德。存心溫和者，福祿自然隨。（吉）

○ **十八**（有志竟成）

威望有勢力之祥數。志願之事。或計劃事業，大抵有所成就，意志堅固。能排除障害，克服難關。達成目的，博得名利，然自尊心過強，乏包容力，誠恐堅剛過頑誘發非難，宜養柔德，具愼險處勿臨，凡事三省而後行，即可謂萬無一失，得到成功。（吉）

×十九（風雲蔽月）

大凶之數，自幼失怙恃之兆，人頗有智能，足以建立大業，博得名利之實力，但中途多遇障碍而受挫折，大多因內外不和所致，困難，辛苦，欠貴人相助，中年恐受挫折而致精神異狀，或多夭折，孤寡，殺傷，刑罰，別離妻子之非運，故謂短命數也，但希有富翁或異常人亦有之。（凶）

×二〇（非業破運）

破裂之凶數。有短命非業之誘導，多遇困難，或障碍難遂大志，所謂一生常受磨折不得順利，一波未息又一波，困難重重，災禍頻臨，不安靜之兆，家宅人口不安，男女喪失配偶，病弱短命，非業，破滅，別親，嘆子女之不幸，家庭生計陷于苦境，均是不幸之至，自幼若能得鍛鍊忍力，養成精力，處事謹愼，對錢財節蓄以備老境，才不至慘絕。但主運有此數者，慘淡更甚。（凶）

二十數位（二十一至三十數）之靈動

○二一（明月光照）

含苞待放之象，乃萬物成形確立之勢也，比之梅花蕾待放之前多少遇霜雪之苦，而忍之。俟春光一放，卽開花發揚其美麗，受人賞讚，所以主數者具有獨立權威，潔白自如人生路途難免困難，但要忍耐逐步前進，定可建家立業，大獲成功，如明月光照，首領之格，受人尊仰。若女性者反爲不吉，蓋因女性應從男性，卽受先天之約束，如有此數則反妻凌夫之格，兩靈性出必相鬪自然夫妻不睦，若此尚屬餘幸，否則非夫尅妻，卽妻尅夫，乃兩虎相鬪，必有一傷也。愼之！戒之！（吉）

×二二（秋草逢霜）

百事不如意，志望半途挫折，有如秋草逢霜，常遭困難，病弱乏力，身世凋零，晚景淒涼，欲望不足。若任意從事恐發生桃色凶禍。懷才不遇，憂愁怨苦之患。（凶）

○二三（旭日東昇）

旭日東昇之象，偉大昌隆，威勢冲天，縱出身微賤，亦可逐漸長大，終至榮達，有如凱旋之將。主數明朗活潑，有制伏一切艱難之氣力，但平素活氣強大，臨事恐過程度爲憾。然感情銳利

，壯麗可愛，寶貴重之運也。但婦女有此數則不可，其理由略同二十一數，可免多贅。即凡主運以及他格有此數者。亦難免香閨零落，繡榻悲寒也。旭日昇天，名顯四方，漸次進展，終成大業。（吉）

○二四（家門餘慶）

時有艱難辛苦境遇，勢在難免，然而才略知謀超群，正可克服前途難關，達成志願，白手成家立業，富貴榮華財源廣進，主有參謀才能及新發明智力，老當益壯，慶及子孫之吉祥也。（吉）

○二五（資惟英敏）

資性銳敏，且有奇妙才能，得獲大功之運數，然而因性情時有偏重一方，言語多帶諷刺性，或有怪僻，如不予修養易與人不和，釀成弊害，或影響社會上信用，發生破綻，如能涵養，即可成功，此易弄吉反凶之數，須以謹愼乎。（吉）

○二六（變怪異奇）

艱難纏身，乃鈎絞之凶數也，賦性穎悟，富有義俠精神，但因多變動，風波未息，多於初運及中年遭遇挫折，飄動未定，此時能有不拔精神，臨萬難超越死線，奮勵努力，終獲大功無疑，倘力不足，意志衰弱者，隨浪濤捲入，永遠沉淪暗淡，禍延家破人亡，孤苦之慘境，尚有他格配

合或陷於放逸，淫亂，短命，槍決，無眷屬之緣，尅子，一生不得順境之凶運，但有不出世怪傑，烈士，偉人，孝子，異常人，出諸本數者有之。（凶）

△二七（迎新去舊）

中吉之數，此數之人概早熟，發育良好，壯年或中年得早發達事業，但多因自我心過強，易受誹謗攻擊，非難，致中途挫折，到老難興，設若能自省其身，矯正弱點，接人待物，誠實和藹，不釀成內外責難，認眞努力，亦可能避免失敗得富榮，但他格之配合關係，或言多陷於刑罰，孤獨，變死之逆境。（凶帶吉）

×二八（自豪生離）

遭難數，行動上有豪傑氣概，肆無顧忌，因此難免易生反感或誤會，招致排折非難之厄患，心如不向正道步進，定陷入逆境，受累縛之辱，夫妻生離，喪子或子孫狼狽，災禍聚生，終生活受痛苦，家族緣薄，奔走他鄉，有怨仇，殺傷之厄，婦女卽多陷於孤苦無依之運格也。（凶）

△二九（慾望難足）

龍得風雲之象，智謀兼備，有遠大希望，而奏大功之格，財力活動之人，心廣，慾望無止境，諸事如龍乘雲之勢上昇，大獲成就，但往往不知足，任慾從事，恐成弄巧反拙，而致不能收拾，婦女者易流男性，或釀成荒之猜疑，嫉妬之心，宜戒心之。（吉帶凶）

×三十（絕死逢生）

吉凶未定之象，時利時敗，勝敗難分之兆，若得他運配合好可能有所成就，其配合凶，即沉於失敗，意志非堅固，處事不加細慮，恐成大敗至無立錐之地，喪失妻子，陷於孤獨之境，一生難免遇有一次冒險，或有絕死逢生者獲得成功者亦有之。（凶）

三十數位（三十一至四十數）之靈動

○三一（智勇得志）

高名富貴之大吉數，智，仁，勇具備，有堅固之意志，能冲破難關，建立聲譽及偉大事業，有領導之德望，繁榮，統率衆人，博得名利，幸福，富貴，榮華之祥運也。（吉）

○三二（僥倖所得）

池中之龍未得時之運也，一旦風雲際會便可昇天，故應誠實，認眞努力重責任觀念從事，可得貴人提拔，善捉機會者大有成功，但勿違背愛顧之德，方能順利發達，家門隆昌，最大吉之數，常人不堪用之。（吉）

○三三（家門隆昌）

旭日東天，家門隆昌之大吉運數，才德兼備，勇斷果決之精神，任何艱難辛苦都不能阻碍事

業之成就，有堅定意志能成就大事大業，博得名利雙震天下之格，但過剛毅武斷，恐反誤事，因本運數過貴珍常人不堪當，勿輕用之，婦人忌用，用則孤寡。（吉）

×**三四**（家破亡身）

刼禍層出不窮之凶兆。自凶煞一到，終生困惑，則凶生凶，必成大凶，接踵而至。乃悲痛無限之大凶數。帶有此數者，大凶難，大辛苦，內外破亂，破害祖產，萬事齟齬，但他運之組織關係，或有病弱，短命，配偶喪失，子女離別，刑傷，殺伐，發狂，災禍至極，破家，亡身之最凶數，故謂孤苦貧賤之格也。不如更名。（凶）

○**三五**（溫和平安）

平和之兆，有才智，對於文學技藝，靠自己努力而獲成功。倚望他人提拔者到老無成。此數不足爲首領之格，缺權威膽力謀略，最宜保守的之運，是故女人最合此數，男人則傾向消極性之嫌，但三才良善者，生權威，自然逢大吉祥之格也。（吉）

×**三六**（波瀾重疊）

波瀾重疊，浮沉萬壯之英雄運。富俠義正氣，秉情敦厚，捨己成仁之格，一生難得平安，辛苦困難甚多。若袖手不進，不致有大害；否則愈活動，即愈生波瀾，致大衰甚或失敗淪落，與他運配合不善，有厄難等無所不至，如短命孤寡，陷窮困，故動不如靜，有才無命。（凶）

○　三七（權威顯達）

天禀之性，溫和忠實，獨行，權威，大德奏功之象，物事暢達，能以德取得衆望，始終有篤行誠實，存有克服難事，完成大業大功之志，常營事業，能步步得利，建立大業發達成功，富榮極樂之運，留意涵德養性，方免失却天賦之大幸。（吉）

△　三八（意志薄弱）

平凡之數，難望大成功，蓋因意志稍弱，偶有挫折遂棄之不顧，無法貫徹目的，故難獲大功，若對文藝方面則有相當成就，如中途遇有失意事，若能重振精神，不屈不撓，向上努力者，收得成功並非無可能，故此數乃是藝術成功數也。（凶帶吉）

○　三九（富貴榮華）

雲開見月之象，富貴，長壽，權威全備貴重之格，此數幼運幾分勞碌，然得雲開見月進入光明路途，事業發達，萬象尊仰，權勢壓倒天下之槪，富貴榮華，福祿綿綿，子孫代代隆昌，無奈貴重至極之中，都藏悲慘凶象，所謂動極卽靜，切勿輕用，婦女有此數者定陷於孤寡。（吉）

×　四十（謹愼保安）

智謀拔群，膽力非凡，然而有傲慢態度，易受評擊，缺乏德望，好冒險投機心，倘若自傲強任好奇心從事者，陷於失敗，遭難，孤獨，短命，刑傷等運，如能謙讓處世者，得發達保平安。

（凶）

四十數位（四十一至五十數）之靈動

○ **四一**（德望高大）

膽識才力，智謀，德望兼備，必可得高大聲譽之大吉數也。不忘向上之念，繼續努力者，前途實洋洋得意，不可限量。（吉）

△ **四二**（十藝不成）

聰明多才多藝，富有智能之才，但乏於專心研究，無奈十藝九不成，情感豐富，意志薄弱，幾分有傷感的氣分，若專心向目標進取，可獲相當成就，否則遭受失敗，中年以後陷於孤獨無倚。（吉帶凶）

× **四三**（雨夜之花）

虛飾之數雨夜花之象，具有才能，曾一時成功，但因過於弄使權謀術策，而無確立意志，結果失去信用，而致失敗，如不着者重外觀能一步一步建立堅實基礎，充實內容者，亦可有所成就，但往往踏入死線之界，發生凶兆之逆境。（凶）

× **四四**（愁眉難展）

傾家蕩產之最凶數也，藏有家財破敗，人口離異，暗淡慘苦之悲運，諸事不能如願，多障碍，逆境，病患等，如他運配合關係有致發狂橫死等之不幸，於壯年或中年時如有一時的幸運，然而至於中年未就傾瀉一盡，故斯時應謹愼節儉以濟晚境之淒涼，但有不出世之怪傑、偉人、烈士、孝子、節婦等出諸此數。（凶）

○四五（新生泰選）

順風揚帆之象，有震動天下之大志，能貫徹大業之大器也，經綸深，智謀大，於一生中恐有遭遇九死一生之大災難，但得冲破此關者，能一舉成功，名揚四海，大榮大貴之運格。如以他運配合有凶數結合者，有如失舵之船，任風飄浪。（吉）

×四六（羅網擊身）

羅網之兆。一生困苦不離身之大凶數，意志薄弱，易走入歧途，受縲絏之辱，終身困難辛苦，悲傷之非運，然而能自立志氣堅定，感以仁義道德從事者，或者於災難過盡後，可獲成功，而依他運不善致陷於孤獨，刑罰、病患、短命等亦有之，一生難得幸福，又曰戴寶沉船之數。（凶）

○四七（開花結子）

衣食豐足之吉數，可享天賦之幸福，而與他人合作可成大業，卽進可取，退能守，乃自由自

在，一家圓滿快樂，永遠福及子孫之祥運也。（吉）

○ **四八**（有德且智）

智謀，德望具高，堪爲顧問之格，可受天賦之財富，威望揚揚榮達，實乃爲人師表之運數也。（吉）

× **四九**（吉凶難分）

身處於吉凶之歧點，趨吉則吉，遇凶則凶之數，壯年至中年之中間遇吉則吉中生吉，但在此吉之重來中含有凶之預兆，中年未至晚年變成凶，則凶中生凶，遭受損失災害，幸福與否全賴三才之配合及他運連絡而決定，但大多陷於失敗災禍。（凶）

× **五十**（一成一敗）

一成一敗之象，卽曇花一朝之夢，雖曾一度能至榮達之極，但轉瞬又告失敗，零落，家破財散之數。於盛興時如不戒心滿盈之理，定遭慘敗而無存身之處，但有遇凶數者，卽被殺傷，離愁，孤寡，刑罰等之變動。（吉）

五十數位（五十一至六十數）之靈動

× **五一**（盛衰交加）

盛衰交加之數，早年得享天賦之幸福及名利，但可惜於晚年落魄困苦，平素愼倨傲，宜自重，可保平安。（凶）

○　**五二**（先見之明）

哲人知機，有先見之明，財帛大旺，有回天之手段，建業能而成功，貫徹大志，名利雙收，切忌政治，女人當貴淸雅，賢良溫和，榮夫子貴之運勢。（吉）

△　**五三**（心內憂愁）

吉凶互換，先凶後吉，或先吉後凶，外觀儼然吉慶禎祥，內實障害禍患甚多，乃盛衰參半之運也。有三大不幸者，一生安然幸福，女人無好姻緣或再嫁，守寡或欠子之運勢。（吉帶凶）

×　**五四**（多難非運）

大凶惡之運數，多障害，辛慘不絕，終而大失敗，不和，損失，憂鬱，煩悶，刑罰，破家，病弱，短命，或因受環境刺激，死於非命之凶惡，曰餓死之數，但有前半世幸福者有之。（凶）

△　**五五**（外美內苦）

五乃爲大吉數，五上加五，吉之重疊，如錦上添花，然吉之至極者反爲凶矣，是故此數由表面上觀之頗形隆昌，其實卽含有辛酸，障碍等，諸不如意事百出，倘備有不屈不撓之堅固意志，堪耐災異不幸，於晚年可能克服難關開出泰運，又謂相誤之兆數也。（凶帶吉）

× 五六（暮日淒涼）

事與志違，難成全事業也，缺乏勇氣與忍耐力量，進取心薄弱，而致遭艱難便挫折，不能復起，災禍頻臨，宜養精力與不屈精神，則晚運慘至家破財散，病弱，孤苦無倚之大凶數也。（凶）

○ 五七（寒雪青松）

雪中青松之象，性剛毅，有魄力，於生涯中雖曾遇大難一次，然後可能發達享受天賦之幸福，繁榮之兆也。（吉）

△ 五八（先苦後甘）

一旦遇凶則破家，滅產之大災難，必經此大難之後，方得再興事業，至富榮發達，終生繁榮幸福，晚年享受餘慶之運也，故甘蔗尾生甘之格。（凶帶吉）

× 五九（車之無毂）

失去核心之象，缺主宰力，乏勇氣，做事猶疑不決，無成事之才能，一旦遇災難無法再舉興業，終死於非命之大凶數也。（凶）

× 六十（黑暗無光）

黑暗無光，搖動不定之兆，方針出爾反爾，心迷意亂，難決定目標，徒加損失，殊難獲事業

之有所成就，就當初對事業及目的有確立者可獲小成，不則一生無一成就陷於困強，煩悶，病弱，刑罰，短命之大凶運也。（凶）

六十數位（六十一至七十數）之靈動

○**六一**（名利雙收）

名利一舉兩得，繁榮富貴之吉運，無奈數出於傲慢不遜，有釀成內外不和，家庭風波不靜，兄弟越墻雙鬪之兆，非十分謹愼，修養德行，則無法防止於未然，若凡事細檢可獲得幸福，受盡天賦之禎祥也。（吉）

×**六二**（基礎虛弱）

注意信用基礎，致意於人和，否則家運漸漸衰頽，辛苦不絕，招致災禍而來，步步失意之凶數也。（凶）

○**六三**（富貴榮達）

萬物化育之吉象，不勞精神，諸事如意，顯榮，富及子孫綿綿之幸福，能憐卹貧困，施以救濟，則能延年益壽，福祿無窮也。（吉）

×**六四**（骨肉分離）

浮沉之凶數，負失敗待興之家庭責任，或相續絕房異常之運，多困難辛苦，又家內難安全，禍臨身，或骨肉離散，生涯難得平安也。（凶）

○ **六五**（富貴長壽）

高譽富貴是壽之吉祥，家運隆昌福祿滿堂，事事成功，貴重之氣運。（吉）

× **六六**（內外不和）

進進退退不吉之兆，內外不和，失去信用，艱難弗堪，損害災厄交至破滅之慘運。（凶）

○ **六七**（利路亨通）

白手成家之吉數，有自立獨行之能力，事事如意，得獲建家立業，繁榮之象，富貴進來，利路亨通，萬商雲集。（吉）

○ **六八**（興家立業）

智慧聰明，善判是非。意志堅固，信用厚重。得發展家運之象，有發明機能，獲得衆望，名符其實之祥。（吉）

× **六九**（坐立不安）

窮困、滯塞、逆境不安之數，屢陷危地之兆，多病弱，常失意，疾害交至，致精神異狀，短病而死。所謂動搖不安，常陷逆境，不得時運，難得利潛。（凶）

× 七〇（廢物滅亡）

險惡亡滅之相，一生慘淡，憂愁不絕，有空虛寂寞之苦。有破財損丁之災，貧苦終生，宿凶難逃，短壽之運勢。此數不吉，最好改名。（凶）

七十數位（七十一至八十數）之靈動

△ 七一（養神耐勞）

具有自然之吉兆，享有富貴福祿之運，可惜內心勞苦有惰性，缺乏貫徹之精神，及進取向上之勇，故難成就事業，而陷無謂痛苦。惟有賴勇氣、貫徹力行，始有晚年享福之運勢。（吉帶凶）

△ 七二（未雨綢繆）

陰雲密佈之象，利到禍臨，有苦有樂，混集之兆，從辛苦中得安逸，幸福中有苦痛之運命，是故能平素注意週到，以免陷入困苦之境，大抵如於早年幸福則晚境困苦，或先苦後甘。（凶帶吉）

△ 七三（志高力微）

靜逸之徵，無實行貫徹之氣力，徒高其志望而無成其事之能，然得享天賦，靜中安逸禎祥。（凶帶吉）

× 七四（沉淪逆境）

逆運之凶數，無智無能。坐食山空，漸次衰退之境涯也，無能為用，難以出世，一生沉淪逆境，堪嘆非運。（凶）

△ 七五（守則可安）

守安之相，乏於計劃能力，企劃事業，易受他人之當，遭受大敗，外輸之數，若能得長上提拔可達繁榮，所謂主動無力，被動借他人氣力，託他人之福，宜守不宜動也。（吉帶凶）

× 七六（傾覆離散）

傾覆之凶相，信譽及地位墜落，家財破敗，骨肉離散，貧病交迫，短壽之墜落苦海之慘狀，妻子死別，悲愁無限也。（凶）

△ 七七（樂極生悲）

吉凶滲半，得享受先天之福，幸福至中年，然後陷落不幸，悲嘆之運，如果於前半生遭遇悲運，則於後半生可能反為吉祥。（吉帶凶）

× 七八（晚境淒滄）

吉凶雖是參半，但凶相較勝一籌。原來智能兼備，所以中年以前成功發達，或享受富貴。一旦進入晚境，則漸自衰退，陷於困苦，有得有失，華而不實，須防刼財，始保安順。（吉帶凶）

× **七九**（挽回乏力）

能伸不能屈，能進不能退，無才能欠果斷。如走夜路，前途黯淡，事勞無功，言而不信，受人非難，有時能開花，但希望不大之運勢。（凶）

× **八十**（吉星入遁）

一生困難辛苦，有如波浪之重疊不絕，終身受挫而致，病患、刑傷、夭折之凶兆，若能及早修行善德，脫離凡俗，可以安心立命，化凶轉吉，尚可保小康。（凶）

八十數位（八十一數以上）之靈動

○ **八一**（還本重福）

最極之數，吉祥至極。還本歸元，所以其數理相等基數之一。自然體力旺盛，慶幸萬多，名揚四海，富貴榮華之大吉數。（吉）

（批示）：八十一數，還本歸元，數理相等基數之一，八十二數與二數相同。八十三數則與三數無異。故凡八十一數以上者，除其盈數八十，將其所剩之數推理卽可。譬如一百六十之數，扣起八十，尚剩八十，乃將八十推理。譬如一百六十一數，扣掉八十兩次，所剩一數，就將一數判斷之可也。其他倣此。

十二、惡名招凶運之實例批注

社會上有些人雖然經過相當努力，但仍得不到成功，甚至有些大事業家，忽然落得失敗；也有些幸福家庭，一瞬間，遭受家破人亡之變，這些人，必定含有不知解凶的凶名和刼數所致。所以不論他的學歷、地位、財產如何，一旦時到，自招凶變，刼運難逃，故惡名之誘導，不容忽視。今列擧種種不幸的事例，以供參考。

(一)武打明星李小龍

恰似流星猝然而逝

武打明星李小龍，有如一顆彗星，其來驟然，其去也倏，但他的光華，在中國電影史上，永遠不滅。李小龍雖只拍了四部影片，但他創造了很多不凡的紀錄，最值得一提，且具有特別意義的有：第一、他是第一個向世界影壇進軍的中國影星。第二、他簽約拍片必先選擇劇本，不自貶

「戲格」，劇情尤爲中國人抱不平。他正值英年，卻猝然遽逝，實令人無限感慨惋惜。茲將李小龍姓名剖象如下：以供參考。

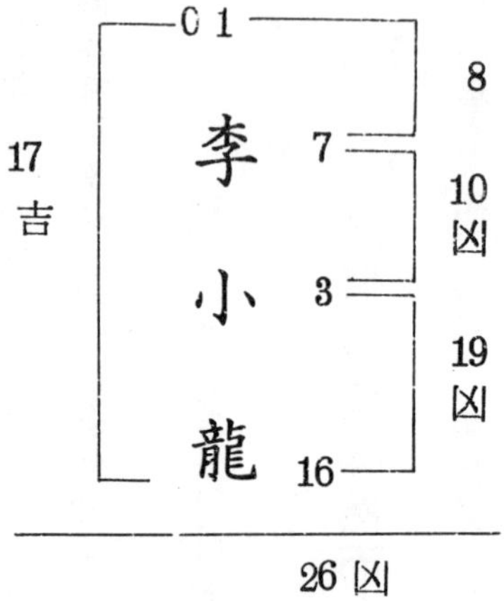

批注：

查李小龍姓名地格十九數，少年運勢、智能變化、波浪之命運。外格17數，靠自己之熱情勇氣，向外發展之才能。主運10數，三才水局，自得名揚四海，財源滾滾。只是十數，非業短命，大多數在中年前後，即編入黃泉之籍。又因總格26數，是變怪數的英雄運格。賦性穎悟，富有義氣俠情，然而變動無常，風波不息，按此數中人，面臨萬難，超越死線，而奏大功者也有。但力不足，隨浪濤、遇挫折，致破家、亡身者也有，而重色情、淫亂，短命者也有。此乃凶數惡名使

然。可惜，溫泉鄉竟爲英雄塚也。

(二)在天不能作爲比翼鳥
在地願結爲連理枝

報載：

台北市白雪旅社，二月二十五日，一對青年男女，因爲不能結爲夫婦，雙雙服毒自殺身亡，死者陳榮波的太太陳郭來好及堂兄陳永漲由台南趕來台北，死者黃秀戀的父母亦趕來，最後決定把陳榮波與黃秀戀一起入殮下葬，喪葬費用由男家多負擔一部份。

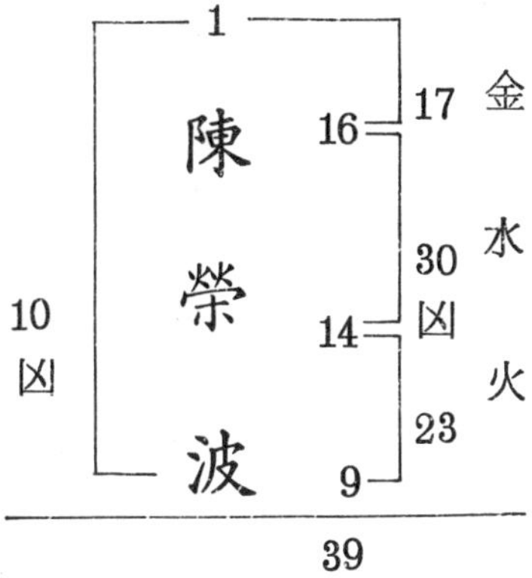

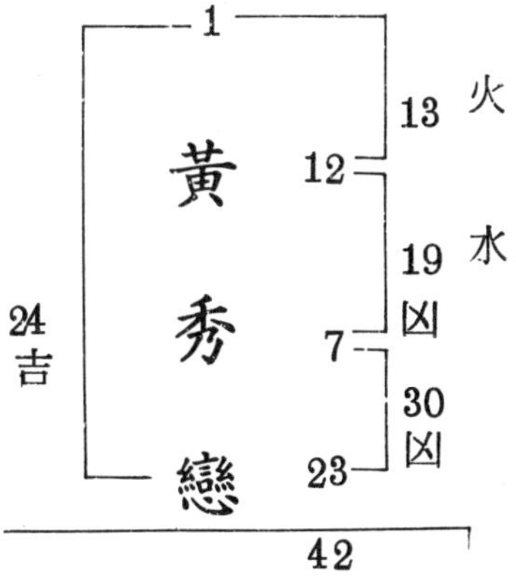

陳 16
郭 15
來 8
好 6

31
23 凶
14 凶
22 凶
45 吉

批注：

查黃秀戀姓名數理，三凶一吉，凶多吉少，主運19數，多難變化，波浪之命運，地格30數，浮沉不定，善惡難分，不知不覺之間，陷落失敗，困難不可測，三才配合有水火相尅，雙親緣薄，不聽教訓，致生急變身亡。陳榮波姓名數理二凶二吉，主運30數，非運挫折，善惡難分，陷弱困境，外格10數，物事告終之運，多非業短命，三才配合亦水火相尅，一時想不開，雙雙走入黃泉之路，此乃凶數之靈動，使之命歸陰間。再查陳榮波之太太陳郭來好之姓名數理，三凶一吉，主運23數乃尅夫變緣，孤寡之運格，以上數理支配命運，不實可不言。

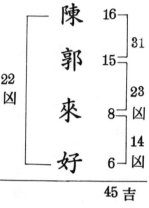

㈢又是回祿之災，造成空前大悲劇

廿八人死亡，廿三人輕重傷，財產損失不計其數

位於台北市鬧區西門町的萬國聯誼社大舞廳，多年前的一月十九日，發生一場空前大火，因而造成廿八人死亡，廿三人輕重傷，以及千萬元財產被燬的大悲劇。茲將死傷人名，全燬店號，及未被波及的商號分列於後，以證姓名之數理與吉凶禍福有直接的關連。

【全燬商店】

新生戲院

50 凶　破敗亡身

批註：離愁凶數，一成一敗之凶象，先得「五」字之數理庇蔭，而成大業後由盈數之靈動，而招失敗，致亡身災禍。

萬國聯誼社大舞廳

108 凶　禍亂別離

批註：別離凶數，禍亂別離，或凶禍襲來，而致傷害，喪失配偶，生離死別之凶數也。

渝園川菜餐廳

84凶　破壞凶象

批註：凶變，破壞災難之凶相，不具不究，滅亡之兆。而致挫折變化，乃不幸之凶數也。

【平安店號】

建新百貨公司

48吉　功利榮達

批註：德智吉數，才能謀略齊備，功利榮達之象，威望洋溢。雖處危險而能免遭災禍，乃吉數之幸也。

【部份死者之數理】

八歲苗栗人

		01	
			16
	劉	15	
12凶			24
	秋	9	
			20凶
	雪	11	
		35	

十九歲台南市人

		01	
			19
	魏	18	
12凶			25
	秀	7	
			18
	英	11	
		36凶	

廿三歲台北市人

姓名	筆畫	格
官	8	16
林	8	17
美	9	19 凶
玲	10	

外格：18

總格：35

廿四歲台北市人

姓名	筆畫	格
蔣	17	25
林	8	20 凶
智	12	24
惠	12	

外格：29 凶

水 ↓ 火

總格：49 凶

廿四歲青島市人

姓名	筆畫	格
	01	9
沈	8	29
饒	21	27 凶
如	6	

外格：7

總格：36 凶

十八歲台北市人

姓名	筆畫	格
	01	18
蕭	17	27 凶
素	10	20 凶
眞	10	

外格：11 吉

總格：37

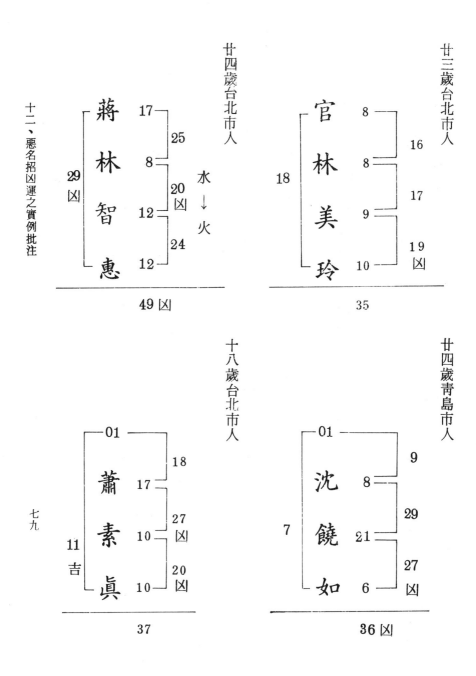

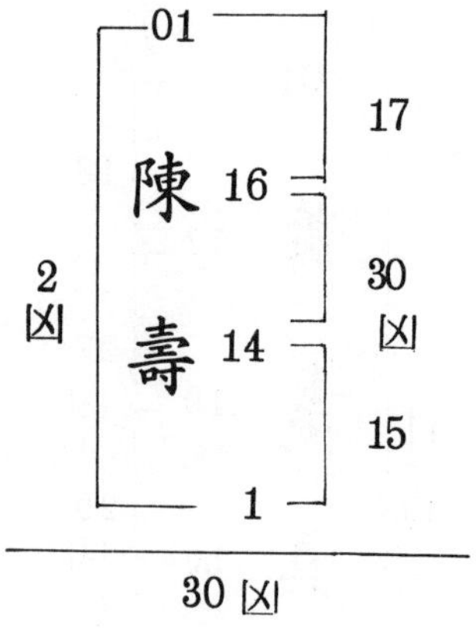

批註：右記遭死者姓名數理各有凶數，而且三才配合亦不得其宜。

㈣為索六千元債款，氣憤殺死六條命

滅門大血案兇手，被判處二個死刑

報載：

台北市漳洲街於某年七月廿二日凌晨四時四十分，發生兇殺案，一家七口、六人被殺身死，僅有一女孩倖免，殺人兇手乘機逃逸，但終於上午十時，被警方在中壢追緝歸案，兇手周信祥浙

江定海人，因索六千元而發生爭吵，被債務人牟誠忠一拳打倒地上，然後周氣憤離開，至台北站前買了一把獵刀，乘深夜牟家已熟睡時，用竹梯爬上牟家樓上，以尖刀首先刺殺誠忠，後殺妻子等六人，只留三女刀下餘生，因其惡性重大，被判處二個死刑。

兇手卅一歲

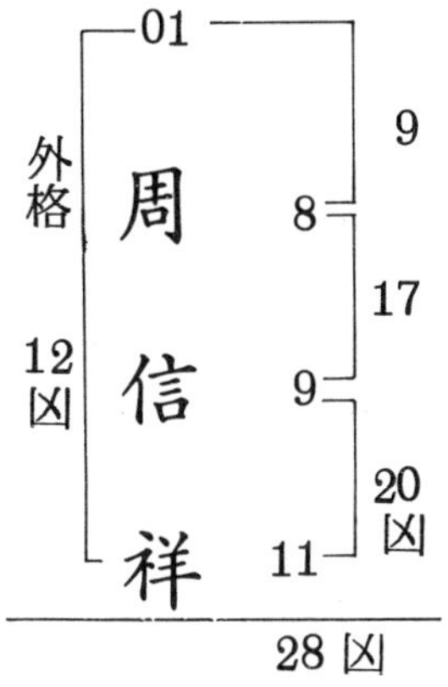

牟妻死卅九歲

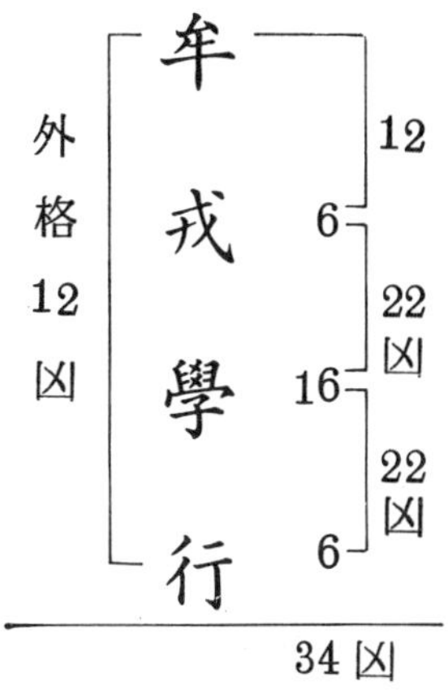

死者四三歲

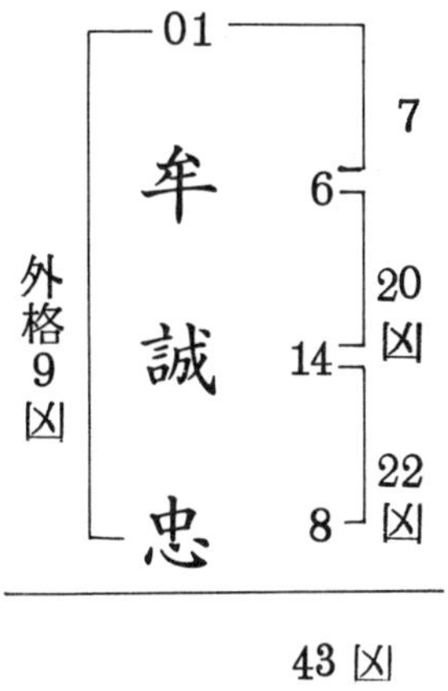

長女死十五歲

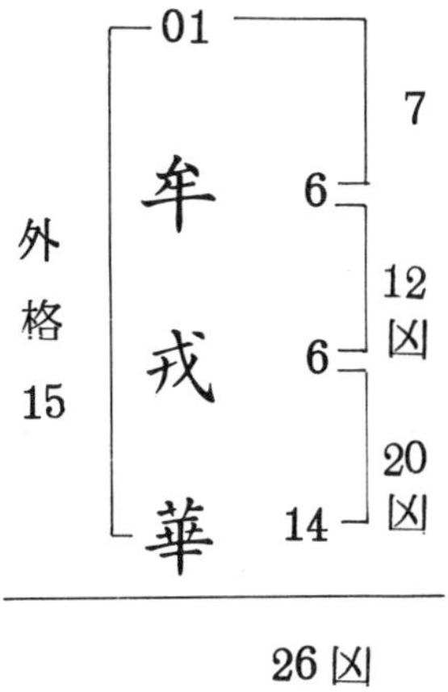

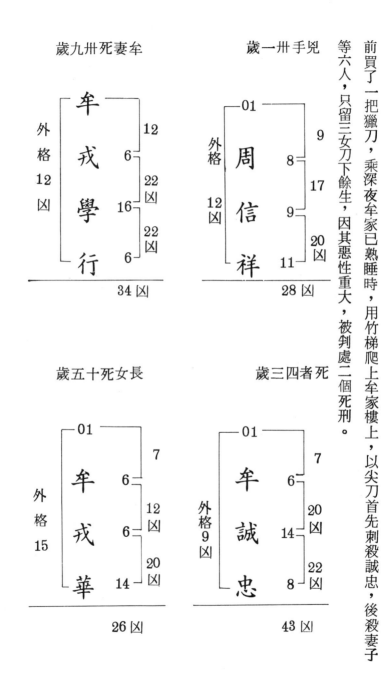

次女死十二歲

01
牟 6
戎 6
美 9

7
12 凶
15

外格 10 凶

21

次男死五歲

01
牟 6
幼 5
忠 8

7
11
13

外格 9 凶

19 凶

長男死九歲

01
牟 6
少 4
忠 8

7
10 凶
12 凶

外格 9 凶

18

三女重傷

01
牟 6
戎 6
璋 16

7
12 凶
22 凶

外格 17

28 凶

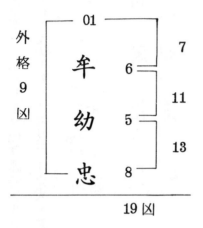

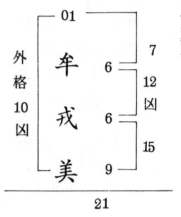

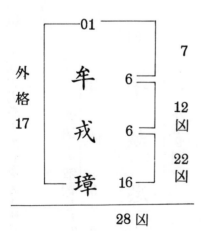

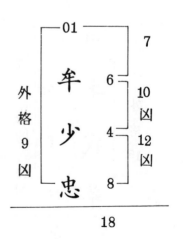

批註：

查兇手周信祥之姓名數理，人格部17數，意志堅強，頑固而無通融性，致社交不圓滿，地格20數破運，物將壞之象，有短命非業之誘導，所謂大凶之運，外格12數傷害，有無理伸漲之象，孤獨遭難，出意外之殺傷凶變，不能完壽之悲運也，總格28數別離，禍亂別離多於波瀾變動，時或凶禍襲來，而致刑罰災禍相踵，綜合四格皆凶數，爲人頑固，一時氣憤發作，失了人性，殺死人命，乃凶名促其短命也。又以被害人姓名例證，七個人姓名都屬9、10、12、14、19、20、26、28、34、43等之大凶數，一生難免遭難，殺傷凶禍，致破家亡身之凶數也。詳細請參照八十一數靈動解譯。牟家滿門遭此不幸，使人扼腕，但皆因錯用姓名，以致禍凶臨門慘死也。

(五)老翁姦情被洩，狠毒縱火殺人

全家遭殃，造成三死七重傷慘案

基隆市中山一路某號，戶長王林錦花家中於五十三年五月十六日凌晨二時卅分，被人縱火燒死三人，傷重四人，輕傷三人，警方於案發後全力偵查結果，係六十三歲老翁張春芳，爲因與林陳丹姦情被王林錦花洩出，抱恨在心縱火殺害全家，造成驚人慘案。查兇手張春芳姓名數理，及

被害人姓名數理剖象如下。

兇手63歲

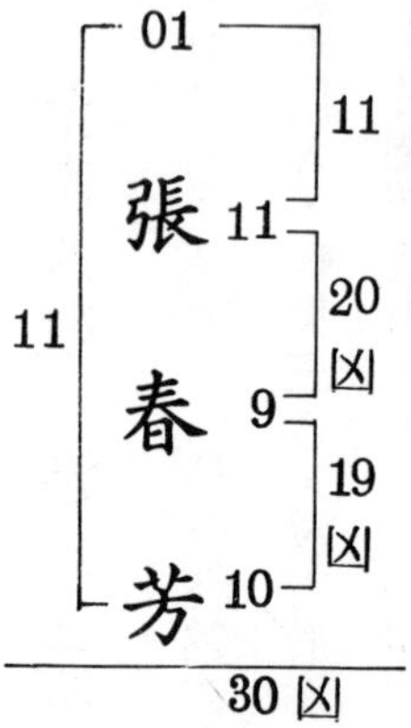

40歲

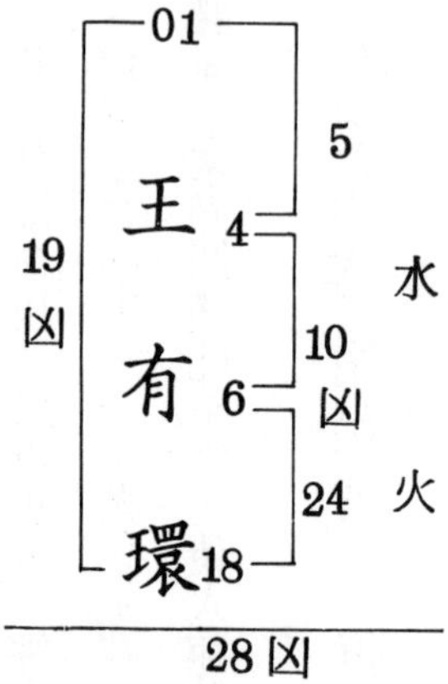

次男16歲死

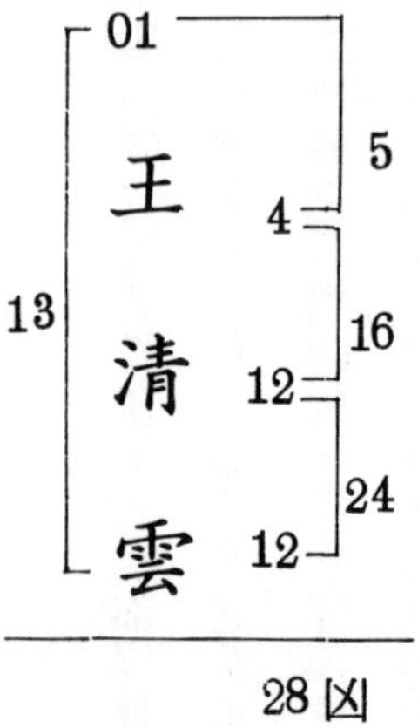

戶長35歲

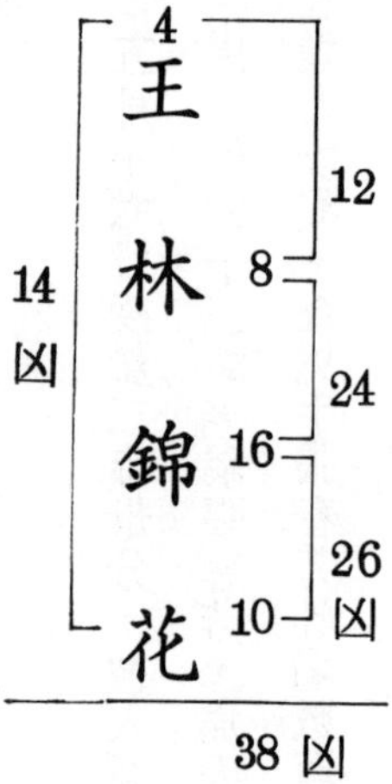

長子18歲死

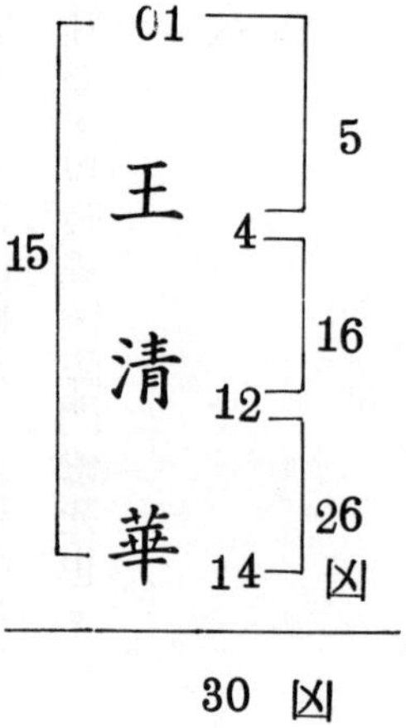

三男12歲死

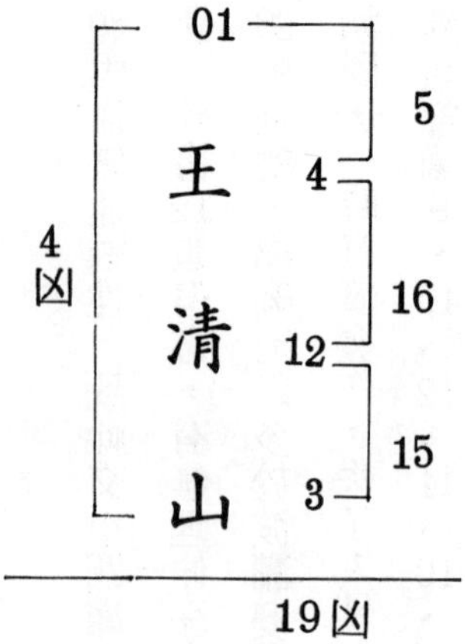

四男6歲

	01	
王	4	5
文	4	8
進	15	19凶

外：16　總：23

	01	
王	4	5
玉	5	9凶
霞	17	22凶

外：18　總：26凶

	01	
王	4	5
月	4	8
雪	11	15

外：12凶　總：19凶

50歲

	01	
王	4	5
添	12	16
福	14	26凶

外：15　總：30凶

次女5歲

	01	
王	4	5
月	4	8
琴	13	17

外：14凶　總：21

被害人十名，其中長男、次男、參男先後死亡。

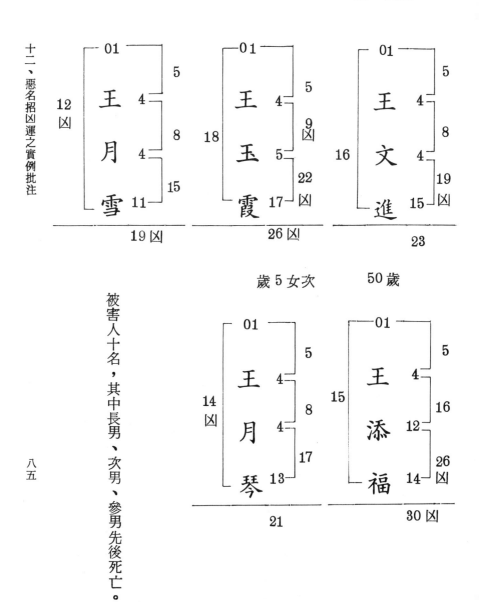

批註：

查張春芳姓名數理主運廿數破運，家族緣薄，一生常受折磨障碍之凶運數，地格十九數及總格卅數多難非運，浮沉無定薄倖孤獨，喪失妻子家破身亡之數理。因被害人之姓名數理大都含有4 9 10 19 20 28 30 26 12 22 34 38等之災禍短命之數，以致終身難免禍刧臨身，陷於不幸之境，此皆撰名不愼所致。

㈥愚婦迫兒飲毒，演成一死四危慘劇

報載：

三重市一婦人陳黃碧雪，於五十三年四月三十日發生一家五口吞服硝酸自殺慘案。陳黃碧雪因與丈夫發生口角，氣憤之下，以硝酸先灌四個兒子，然後自己飲下大量硝酸自殺，至晚間陳婦因傷重不治死亡。

死者31歲

陳 16
黃 12
碧 14
雪 11

28
26 凶
25 吉
27 凶
53 凶

夫

01
陳 16
志 7
掌 12

17
23 吉
19 凶
13 吉
35 吉

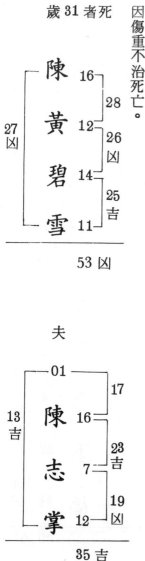

長男 10 歲

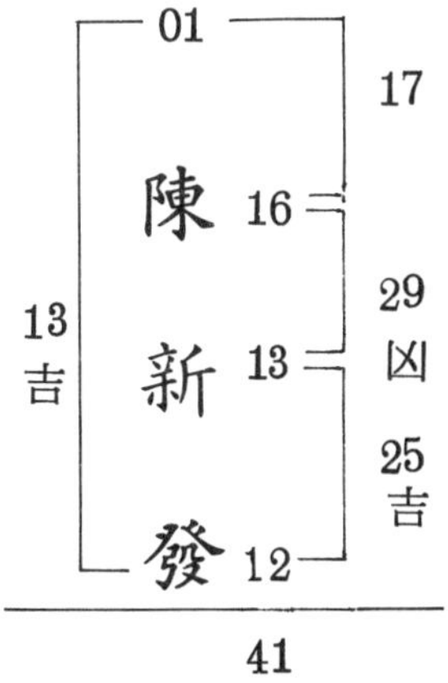

長女 7 歲

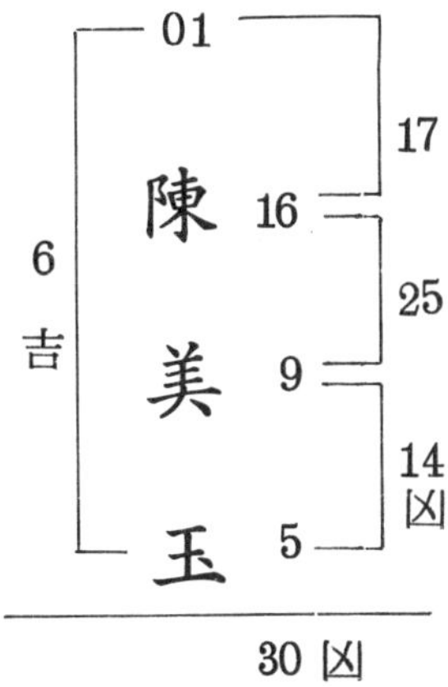

次男 2 歲

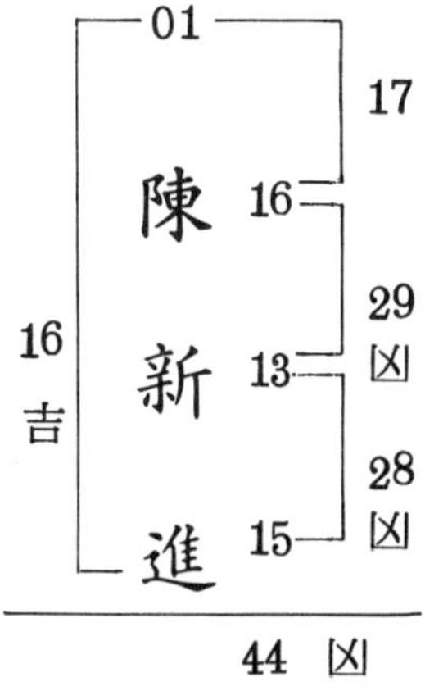

次女 5 歲

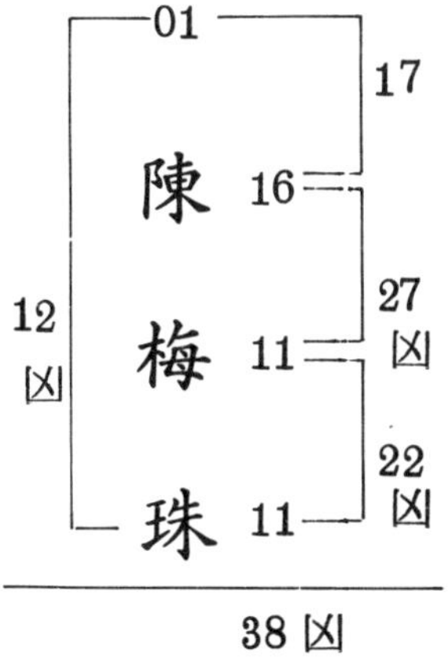

批注：

陳婦姓名主運廿六數及外格廿七數，個性頑強，夫婦易生不和，以致家破人亡。又四個兒子姓名數理亦凶多吉少，難逃災害，此皆數之凶變的例證。

十三、水火相尅，急變災禍慘死實例

姓名三才之配置，若有下列水火急變者，不遭慘死，亦必罹意外之災。所以命名時，決不可取用，凡姓名若有此配置者，不可忽視，應及時改之，不改則有如站立在懸崖危牆之下，可謂不知命。

㈠北門連環車禍，二死卅餘傷

報載：

台北市北門口於五十三年六月二十四日下午，發生大車禍，北上柴油車撞到平交道上的公共汽車，又壓到三輪車及自行車的連環車禍，造成二死卅二傷之慘劇。

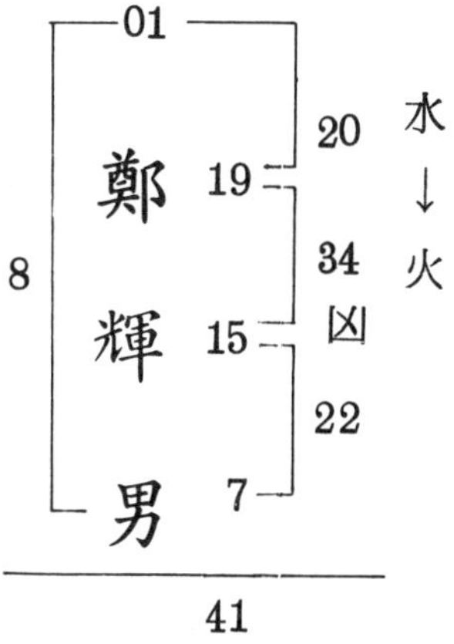

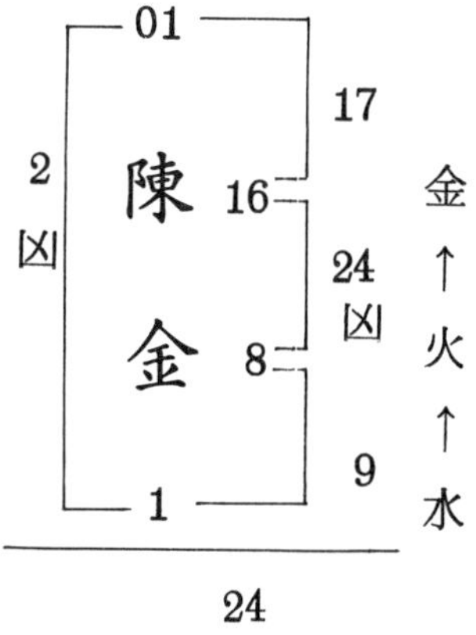

批注：死者姓名之數理

查鄭輝男、陳金二人依姓名學有水火相剋者，一生必遭急變災禍，且鄭輝男主運卅四數必遭大凶；陳金地格九數，有不測凶惡，二人同遭此不幸，實因凶名所致。

(二)求婚不成，莽漢射殺月老全家，畏罪投海自殺

報載：五十三年五月二十日高雄縣小港發生兇殺案，莽漢因成家心切，託人做媒不成，憤而持槍射媒人全家，造成二死一傷慘劇。兇手畏罪跳海自殺身死。

死者37歲

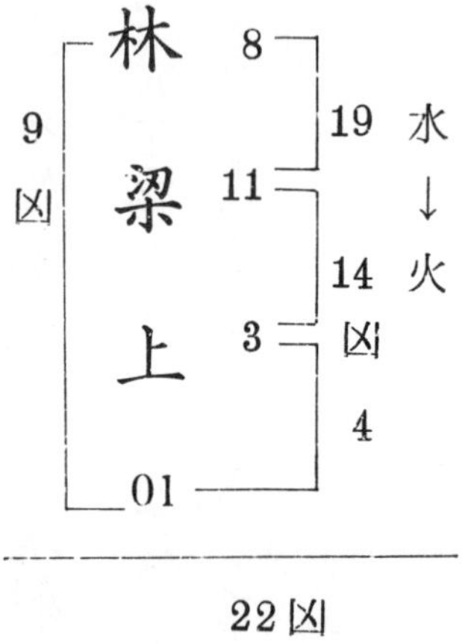

凶手自殺

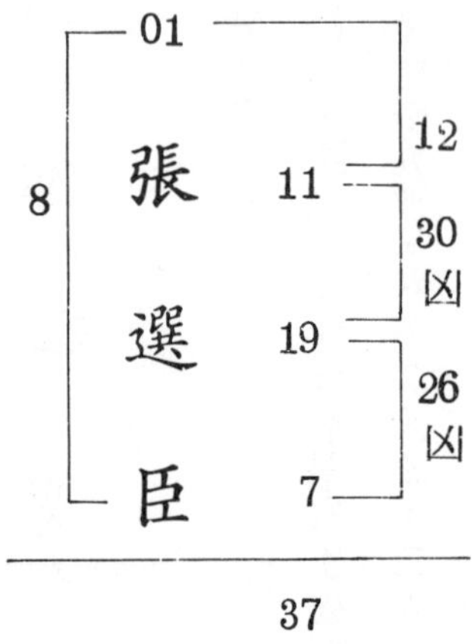

死者四歲

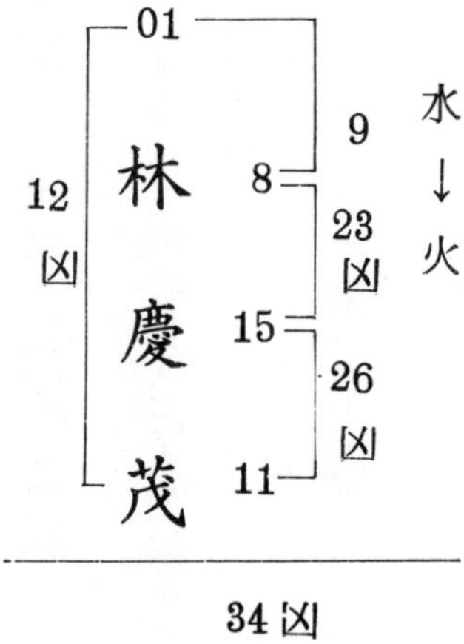

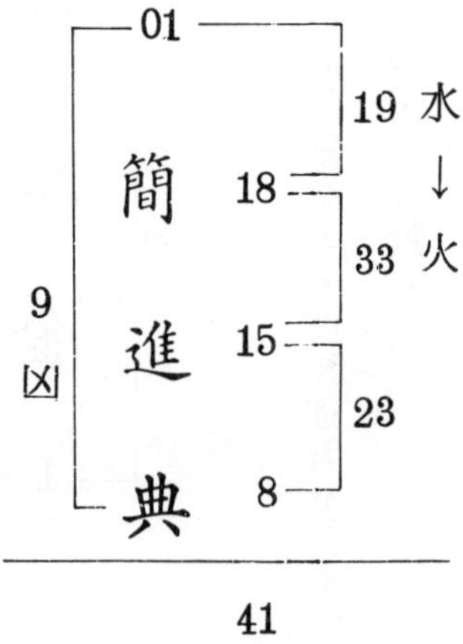

批注：

查被害人四格皆爲凶數，且因天地人，三才有水火相剋，因而發生急變，遭了不幸。兇手張選臣，姓名主運卅數，地格廿六數非運，災禍，波瀾重疊，一生臨萬難，越死線，遇挫折，喜愛

色情，易生桃色糾紛，因淫亂短命。

㈢捉賊被殺，悍賊行兇

報載：斗六鎮雲林縣，前任縣長吳景徽住宅，因發現小偷行竊，經傭工追捕，並以鐵棒擊傷小偷左臉。吳景徽之姪吳光顯聞聲追趕，並經向警方報案。莊鍾二位警員協同分路包圍，在屠宰前發現，被莊警員以柔道制服，並銬住兇手左手，吳並自願連同銬住右手，以防兇犯逃脫。不料兇手抽出預藏之匕首；猛刺吳左胸，一切斃命，造成捉賊被殺悲劇。

批注：死者吳光顯，姓名人格部十三數屬火，急性短慮，又三才有水火相尅，失策致遭慘死。兇手鄧紀雲姓名人格部廿八數，頑強如石，總格四十，亦凶數。

十四、良名爲成功之實例

成功是代表名譽、地位、幸福。是人生每日所祈求努力之目標，爲達到成功之願望，必須具有先天八字與後天佳名，再配合自己努力，方能達到理想之境地。玆列擧成功者之姓名數理以供參考。

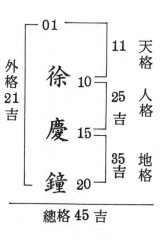

01
徐 10　天格 11
慶 15　人格 25 吉
鐘 20　地格 35 吉
外格 21 吉
總格 45 吉

徐慶鐘先生，本省人，曾任中國國民黨中央黨部副秘書長、內政部長，現任行政院副院長。

他爲人仁慈厚道，做事穩健踏實待人溫和寬宏，有政治家之風度。其姓名人格部廿五數，資性英

斂，有奇特之才能，能克成大志大業，外格廿一數，有內藏實力。貴人扶助，步步而進。總格四十五，順風揚帆，功成名就。

天格 11
人格 15 吉
地格 21 吉

01
高 10
玉 5
樹 16

外格 17 吉

總格 31 吉

高玉樹先生，生於貧苦之家庭，自幼意志堅定，留日苦學成功，是一位工程師。參加台北市長競選，以高票當選。在任內數年履行政見，建設新大台北市成績輝煌，受中央器重，爲改制後台北市首任市長，後又昇任交通部長，現任行政院政務委員。高氏人格部十五數，主運福壽圓滿之象，外格十七數，志氣堅定，有突破萬難之勇氣。地格廿一數，確有內藏實力，總格三十一數，智仁勇俱備，意志堅強，成大志，立大業，領導人之運格也。

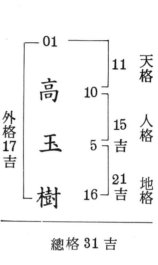

天格 9
人格 16 吉
地格 13 吉

01
林 8
金 8
生 5

外格6吉

總格 21 吉

林金生先生，曾任縣長，內政部長等要職，現任交通部長。林氏姓名數理，主運十六數，仁慈厚重，頗孚衆望，地格十三數，富學藝才能，有智謀策略，少年得志成功，外格六數，天德地祥，萬寶朝宗，出外成功發展。總格三十一數，後運光風齋月之象，能爲首領之運，享盡富貴顯榮。

天格 5
人格 16 吉
地格 17 吉

01
王 4
雲 12
五 5

外格6吉

總格 21 吉

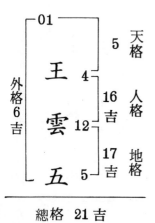

王雲五先生廣東省人。幼時貧苦，苦學成功，以「活到老，學到老」爲生活準則，其勤學過人。歷任教育科長，經濟部長、財政部長。來台後曾任考試院副院長，行政院副院長。現任總統府資政。以王氏姓名之人格十六數，厚重寬宏，誠實勤勉，地格十七數有不屈不撓之意志。總格廿一數，外格六數，得貴人扶助，步步躍進。

01		天格 6
丘	5	人格 13吉
念	8	地格 13吉
台	5	
外格 6吉		總格 18吉

曾任總統府資政丘念台先生，係本省苗栗縣人。令尊丘逢甲先生也是一位愛國詩人。在甲午之役，丘氏組織台灣義軍，奮勇抗日，因最後孤軍難敵，回到祖國。爲不忘復仇之心志，特把兒子命名「念台」。果然念台先生秉承父志隨　總統參加抗日戰爭，勝利後重回台灣，因其愛國家，愛台灣，不爲名利所誘，令人欽佩。實爲有德望之人。其姓名人格部、地格部均爲十三數，富學藝才能、有智謀奇略，忍柔當事，富貴幸福。外格十六數雅量厚重，貴人扶助，集名望。總格十八數成功自至，志願已立，必破諸難，獲得成就。

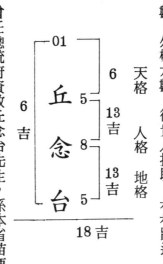

十五、婦人之寡婦運數理批示

成功一語，在男人是出人頭地之意；於女人則夙得良緣，或得麟兒之意，所謂夫榮子貴。可是女人之姓名中，若有首領數（卽寡婦運者），假得良緣，短者數個月，長者數年間，難免有生離死別之悲嘆。

所謂首領運者，在男人爲吉數，在女人反爲寡婦運，卽死死乎，或亡己乎，二者必有其一。亦卽夫妻難以長守之災難。在姓名中除天格以外，而人格，地格，總格，外格之各格，有二十一，二十三，三十三，三十九等數者，謂之首領寡婦運。有該數之婦人，因其誘導力，性格必傾向於男性的權威，終致姻緣不順調，幸得順序，入籍後冠夫姓，而生不可思議者。寡婦運之數，仍尚存，首領數若消却，變作九，十，十九，二十七，二十八，二十九，三十四數等之凶數，結局仍爲幸福反變不幸福，而陷於悲慘之運。是故若未出嫁時，而有寡婦運之數者，應速改名，以免失偶之嘆，玆擧實例以證之：

26	邱 12	27
	劉 15	24
	春 9	23 凶
	銀 14	
	50	

12 凶	01	13
	邱 12	24
	欽 12	23
	堂 11	
	45	

劉春銀係台灣省林產管理局副局長邱欽堂先生之太太。欽堂先生於民國四十六年六月二十八日，因赴羅東太平山林場分場，辦理榮民講習，途中在鳩澤地方覆車，不幸殉職。有外格部12數之遭難運，而太太姓名之地格部是23數之寡婦運。

11	李 7	23
	陳 16	23 凶
	秀 7	11
	月 4	
	34 凶	

12 凶	01	8
	李 7	21
	禎 14	25
	祥 11	
	32	

李陳秀月乃台北市已故醫師李禎祥之夫人，二十八歲守寡，回歸埔里故鄉後，鬱鬱寡歡，遂生厭世之念，終於投湖自殺。觀其人格部二十三數，乃是寡婦運之數理，又其總格部三十四數凶

數之靈動，是以既早年喪夫，又自沉其身，夫死妻隨，誠所謂數之所定天數難逃，洵不謬也。

	姓名	筆劃	格數
30	蕭	19	23
	王	4	21 凶
	霞	17	28 凶
	英	11	
		51	

主人

	姓名	筆劃	格數
9 凶		01	20
	蕭	19	27 凶
	長	8	16
	炎	8	
		35	

蕭王霞英台南市白金町，係有名之外科醫師蕭長炎先生之夫人。民國三十四年八月，三十五歲之青年醫師，命歸黃泉。致夫人寡居，此乃姓名之人格部二十一數，屬寡婦運之凶靈動所致。長炎先生之人格部二十七數，外格部九數，實係遭難，短命之數理。而霞英女士之數理靈動，勝過其夫，故有生離死別在。

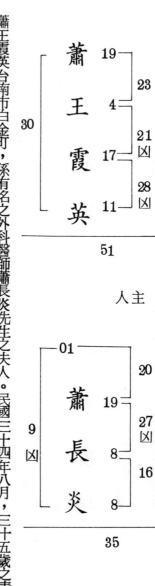

十六、三十四數凶變之實例

姓名中不論何格有此三十四數者，必遭大凶。左例實記可資證明。

一、遭難者：

外格	姓名	數	格
		01	
	程	12	13
12	偉	11	23
	梧	11	22

34 凶

上者彰化南光爆竹製造廠之火藥調劑師因調劑不慎發生爆炸身死者。

外格	姓名	數	格
		01	
	陳	16	17
10	柏	9	25
	泉	9	18

34 凶

上者五十二年七月上旬在台北市螢橋游泳不幸溺死。

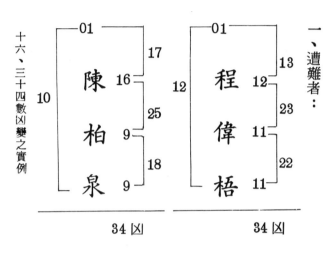

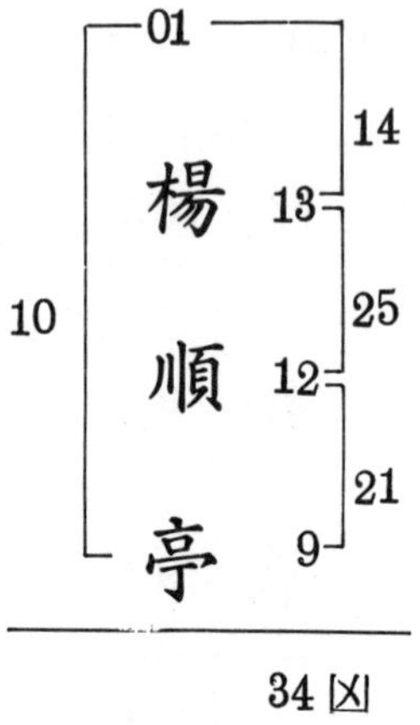

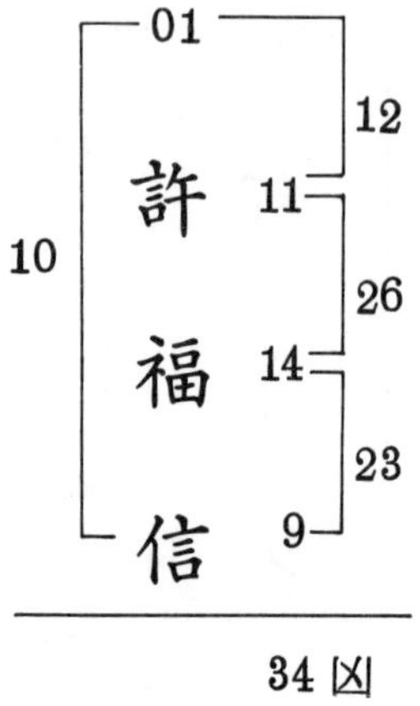

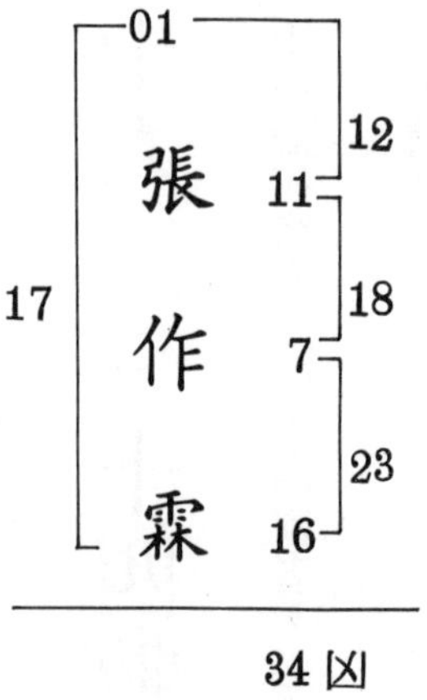

上者台北市人四十四年七月七日夜失愼不幸被車輾斃。

上者台南市人五十八年坐計程車經高雄途中翻落水溝死亡。

上者滿州東三省小王張作霖，被日本地雷爆炸身死。

二、被殺者：

謝坤厚

- 天格 18（01＋17）
- 謝 17
- 人格 25（17＋8）
- 坤 8
- 地格 17（8＋9）
- 厚 9
- 外格 10
- 總格 34 凶

上者高雄市人於四十年五月二十三日在高雄市成功一路被意大利外僑駕駛吉普車輾斃。

王麗珠

- 天格 5（01＋4）
- 王 4
- 人格 23（4＋9）
- 麗 9
- 地格 30（9＋11）
- 珠 11
- 外格 11
- 總格 34 凶

上者嘉義縣人，十歲之時被強姦致死。

江增雪

- 天格 9（01＋8）
- 江 8
- 人格 23（8＋15）
- 增 15
- 地格 26（15＋11）
- 雪 11
- 外格 12
- 總格 34 凶

上者台東人四十七年五月十一日被兇殺身死。

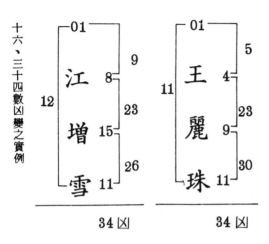

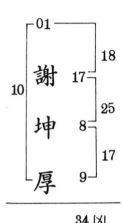

三、殺人者：

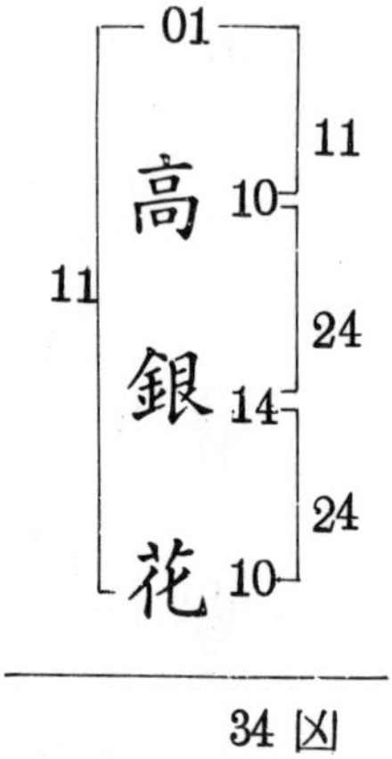

上者陳書深之妾，被其夫認爲有不貞嫌疑，遂被咬斷玉鼻身死。

上者台北縣林口人，橫戀東翁之嬌女遭被拒絕，心生不甘，四十二年九月二十七日刺殺對方後服毒自殺身死。

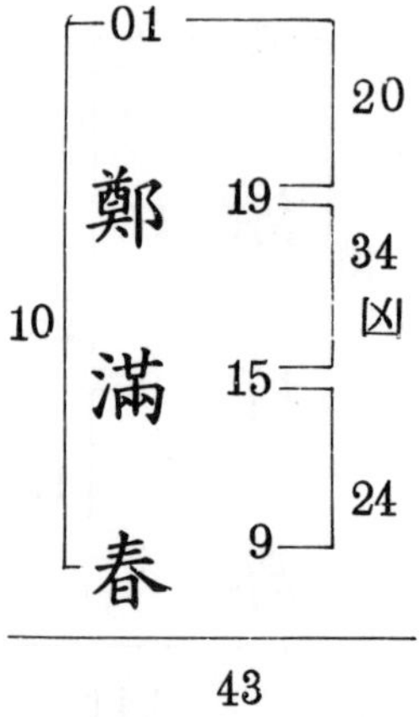

上者槍殺妻子後自戕身死。

四、自殺者：

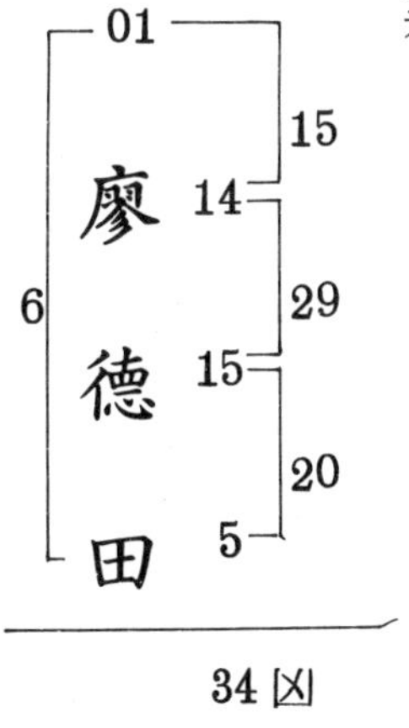

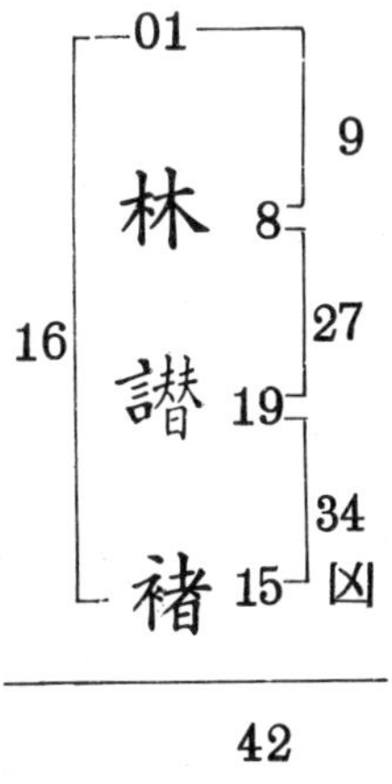

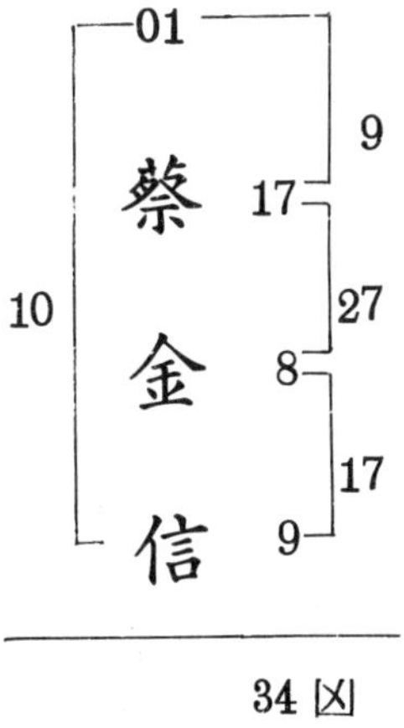

上者瑞芳人五十年六月二十三日與女友投水於碧潭被救，後服毒自殺。

上者宜蘭人，四十七年五月中旬投日月潭自殺身死。

上者四十五年一月五日殉情投河自殺身死。

十七、變怪數的異常人物

變怪數者是廿六數也，此數者帶有天乙星、天厨星、金與星，但此數者有英雄義俠，異奇才能，怪傑偉人，或有多逕逆境，難於安定，終生波瀾，別妻離子，自己短命，無所不至等的靈動極強，而一方面者由自己的興趣方面傾向者相當有出風頭的人物，一生多屬於變怪異奇的運數，但三才配置不善或先天八字之條約不適合者，多於失敗，逆境的悲運重叠。實有險中的僥倖，亦不可盡用之數也。用者一段期間，越過萬難死線得偉大奇人者有。

此格在人格部者，中年交來發現其大變動的怪運，在總格者得中年以後暫暫誘導的傾向，在地格者少年時就發現其數怪，外格部者在男人者比較少數但女人者多見，有雙字性中所發現的若有者一生多在社會波浪極強的靈動。茲擬於其姓名及剖象如左：

廿六數之變怪的偉人怪傑

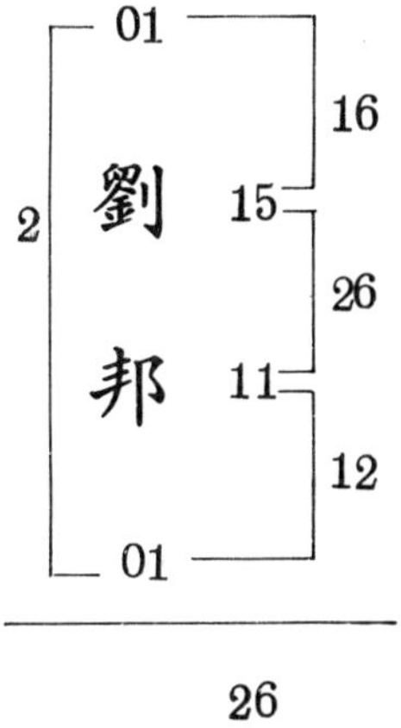

（漢高祖）

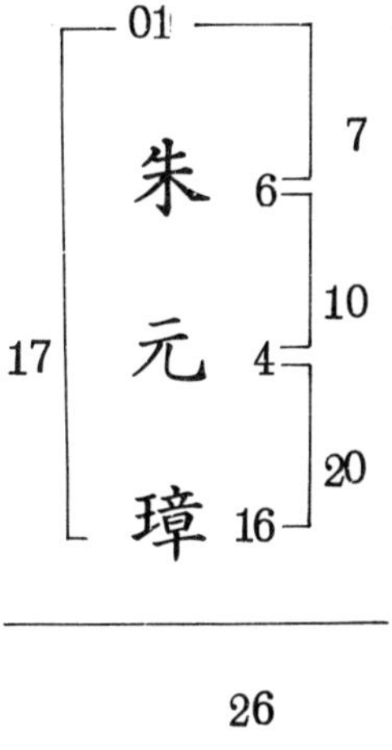

（明太祖）

開國皇帝，漢高祖劉邦、明太祖朱元璋，都是淩駕二六數者，越死線。漢高祖前後七年大戰七十次、小戰四十次、重傷十二次，矢口洞穿四次，可見二六數之險刧無常。又明太祖少年時代孤苦伶仃，四方求乞，隨處漂流，如十數二十數，九死一生，制勝二六數，方爲一國之元首，做皇帝之福運。

1 漢初三傑之一

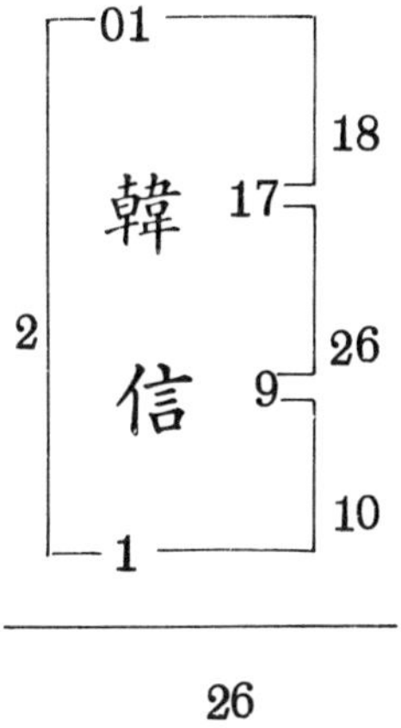

2 延平郡王（國姓爺）

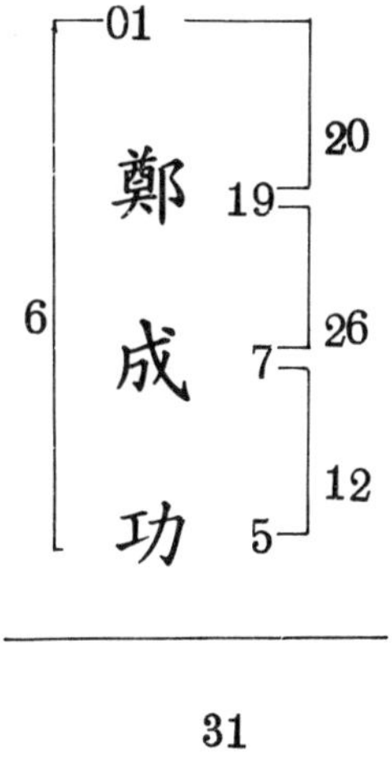

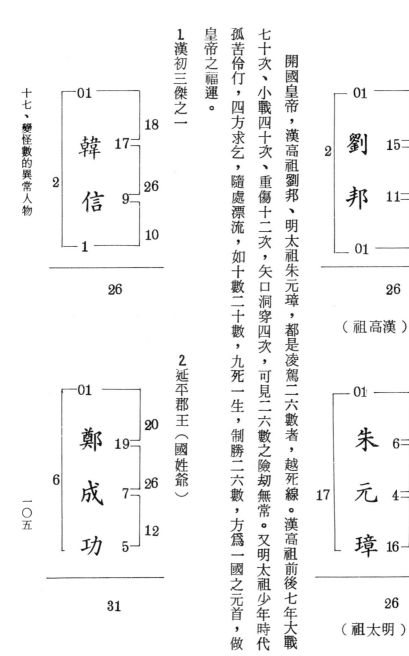

3. 義賊

外	字	數	格
		01	
			15
3	廖	14	
			26
	添	12	
			14
	丁	2	

28

4. 抗日革命家

外	字	數	格
		01	
			15
12	連	14	
			26
	雅	12	
			23
	堂	11	

26

5. 世盟榮譽主席

外	字	數	格
		01	
			8
15	谷	7	
			12
	正	5	
			19
	綱	14	

26

6. 前國防部長

外	字	數	格
		01	
			10
15	俞	9	
			12
	大	3	
			17
	維	14	

26

7. 前立法委員、省議員

外	字	數	格
		01	
			16
12	郭	15	
			26
	國	11	
			22
	基	11	

37

8. 前空軍總司令

外	字	數	格
		01	
			5
15	王	4	
			12
	叔	8	
			22
	銘	14	

26

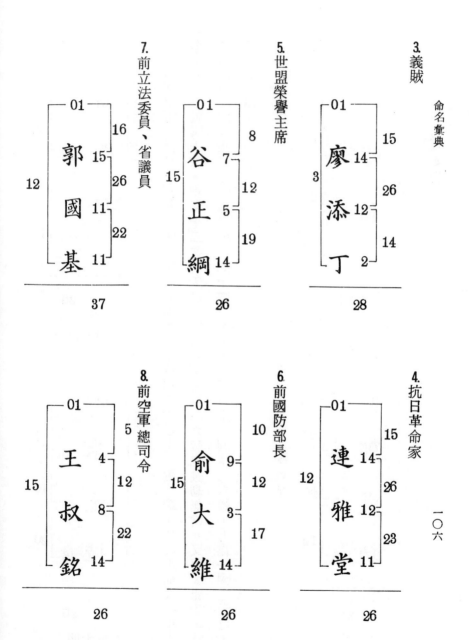

十八、爲何同名同姓而不能同一命運

也許有人會問，姓名若能左右人的命運，那麼同姓同名的人，必有同一命運，但在實際上却又未盡一致，何故？這是表面的問題的，除了姓名以外，尚有先天八字等等的關係存在，並非單純一個好名字可以奏效的。

先說八字，八字與姓名好比人的身體與精神。八字譬如軀體，姓名譬如精神，雖有身體精神之別，基本上仍舊是一體。精神厚則身旺，精神薄則身弱，精神長存則身生，精神喪盡則身死。這就是說，命運之榮枯、盛衰、吉凶、禍福、姓名能增減其分數，進而左右其人之命運。

姓名之暗示誘導力，足以支配人生的命運，確是事實，決無可疑。故姓名凶的，致常病弱，所作所爲皆歸失敗；或適宜婚配之男女，不知何故，而不能締婚成眷；或與親屬緣薄，而不得圓滿；或失職業，而苦苦於生活。是故凡悲嘆不幸者，須速改換有吉慶暗示的良好名字，以享幸福。或現在幸運兒，其中若有凶名者亦須要考慮將來之蹇運。俗云「天有不測風雲，人有旦夕禍福」俾可逢凶化吉。但其本名雖劣，而時常慣用的名稱，或別號，如屬良好，亦能照其利用的程度

，收效化吉。所以戶籍上的名（卽本文所謂本名）有不好的，可不必變更，以免多費手續。

現在再說同名同姓而不能同一命運的學理。

一般人所有的本名通稱，以及雅號，大都是任意自擇，並未根據姓名學理條件。若說名字不好，要改好名，潛心探究，發見某某人發展異常，就換某某人的名字，然而改換以後可以收效嗎？當然不能。如果改換名字就有效，那麼歷代以來，名將賢相，不乏其人，如果個個仿用他們的名字，社會上所有的人不是名將，便是賢相，那名將賢相，又有什麼難爲的呢？而且，天下間不約而同姓同名者甚多，究其品性，不但不相似，他們的成敗得失也各異，因爲人的生年月日時，大都不同，而其世系環境，必不能相像，有此差別的緣故，要想求其相同效果是斷然不可能的。眞所謂「差之毫釐，失之千里」。人脫離母胎時賦帶的命運，是所謂先天之命運，生後隨境遇變化的命運，是所謂後天之命運。所以有生於富裕之家庭的，也有生爲貧寒的；甚至於自己無絲毫之罪咎，而生成不具的，境遇遭際的不幸，還可以要求變更訂正，生來不幸殘缺的，就無法補救了，這完全是天數使然。姓名雖同，而其命運不等有如此，所以人的盛衰，專由先天與後天，交流調節所支配的。

十九、改名的效果

如前所說，凶名招凶禍，吉名爲成功之基，它的靈力，在於構成姓名之文字字畫，也就是指數理的暗示誘導力。是故至今是劣名，若改爲善名，即自改換之時起，新名之數理，必發生靈動，而成以下之效果：

一、病弱一變爲健康體。

二、時境不遇，一變爲幸福者。

三、男女皆得良緣適職。

四、家庭不和，一變得以圓滿。

五、缺子息者，得生子旺。

六、事業發達，家業繁榮。

七、轉禍爲福。

八、使貧窮、短命，一變得以富貴長壽。

二十、改名後，得到成功之實例

新名

01
施 9
權 22
鋒 10

10 吉
31 吉
32
11 吉

41 吉

原名

01
施 9
金 8
龍 16

10
17 吉
24 吉
17 吉

金
↑
火

33 吉

鋼鐵建材商施金龍先生，始名數理主運一七數，命硬性強，屬於離鄉出外之命格。地格二四數有財利，少年得志成功。可惜基礎運不健全，火尅金，做事多變化，或患肺部之難症，爲此經重新改名爲施權峰以後，運勢上昇，商意興隆無往不利，目下堪稱鐵條業之霸王，成爲千萬之鉅子。此爲成功之一例也。

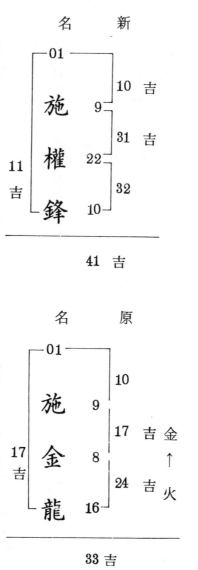

新名

字	筆劃	格數
（01）		
洪	10	11 吉
一	1	11 吉
鋒	10	11 吉

外格：11 吉

總格：21吉

原名

字	筆劃	格數
（01）		
洪	10	11
文	4	14 凶
昌	8	12 凶

外格：9 凶

總格：22凶

寶島歌王洪一峰先生，原名洪文昌，其數理四格皆凶，主運十四數，家屬緣薄，喪親亡子，破兆孤獨，外格九數，一成一敗，地格十二數，有意外之災禍，致失生命財產，且有水火相尅，夫妻不得和合，總格志望易中途挫折，因此不得不改名。自四八年改為洪一峰以來，處事如意，得新內助，感情美滿，生男孩，事實上一躍為歌壇王座，並成為英俊紅星，受聘留日，前途無可限量。

二十一、命名要義

人之命運，是先天八字與後天姓名所造成的。因此姓名與八字之五行，須得配合爲貴，若姓名與八字相違，八字自身難不壞，亦難望其成功。欲求終身幸福，必得其中和。先天八字太過，以後天姓名抑之，先天八字不及以後天姓名補之，先後天無不及與太過，然後爲得其中和。而先天八字有尅父母，尅兄弟，尅妻子之兆，若不以姓名之數理來補救，則不能免除其尅六親之凶禍，或八字之偏枯，以致短命，或患肺病、胃腸病、心臟病其他種種之疾病者，若不以姓名之數理來補救，無論何種靈藥仙丹，亦不能治療。是故不論何人，須要檢討自己之先天八字及後天姓名符合與否，然後始能安心。此實爲君子必要知命之故。向來爲人父母者，對初生嬰兒之命名，有十分關心者，亦有絲毫不考慮而隨意命名者，或訪文人墨士，委託其撰名者，此皆因其兩親教育程度之差異所致。請觀下列實例卽可明瞭。

(一)識字不多之人

1.兒女出生時，觀其形體命名，譬如頭部較大者，命名曰「大頭」，眼較大者，命名曰「大目」耳較大者，命名曰「大耳」。鼻較大者，命名曰「大鼻」。

2.毛髮較赤色者，命名曰「紅毛」，皮膚較黑者，命名曰「烏肉」。

3.兒女出生時，多啼哭不絕者，命名曰「愛哮」。

4.連生數胎女孩，不喜歡再生者命名曰「屘仔」、「足仔」、「罔市」、「罔腰」、「阿尾仔」。

5.恐自己之命運，不能保有好兒子，所以所生之子，不敢取高尚之貴名，故意命名曰「豬屎」、「狗屎」、「青番」、「乞食」、「石頭」、「呆仔」。

㈡教育程度較高之人

1.選經書古典之文句爲名

「筆花」，用范仲庵夢筆生花之典。「逢源」，古書句「左右逢其源」。「省三」，引四書之句，子曰「吾日三省吾身」。「雨致」，引用千字文中雲騰致雨之句。「席珍」用古文句儒爲席之珍。「則修」爲本名，「來」爲乳名，「文德」，爲字名，則用四書句，「則修文德以來之」之句。

2.採取好字義之文字爲名

採取字義高尚雅緻，或有氣派之文字爲名以爲良名，其實姓名之善惡，非在字義之高雅，氣魄之軒昂，乃在姓名之數理，而成吉凶也，左記實例以證明之。

	01		
			15
	廖	14	
3			20
	添	12	
			14
	丁	2	
	28 凶		

	01		
			14
	楊	13	
20			28
	萬	15	
			34
	寶	19	
	47		

上列「添丁」名意「添丁發財」多財多子，其實不然，當代義賊一生多難，臨險刼，越死線，破家亡產絕嗣，年僅廿七歲，便結束了他的波瀾生涯。

後者「萬寶」名意是「萬寶歸宗」家財萬貫。其實如何，日據時代，殺人放火，無惡不作，罪惡滿盈，終被判死刑。

	01		
			18
	韓	17	
8			37
	繼	20	
			27
	良	7	
	44		

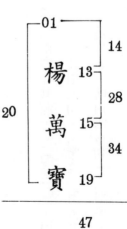

右者名意「繼承良善」做好爲本。其實如何，民國四十七年三月廿九日誤殺旅社老板之媳婦，連傷八人，畏罪自殺未遂，被判死刑。

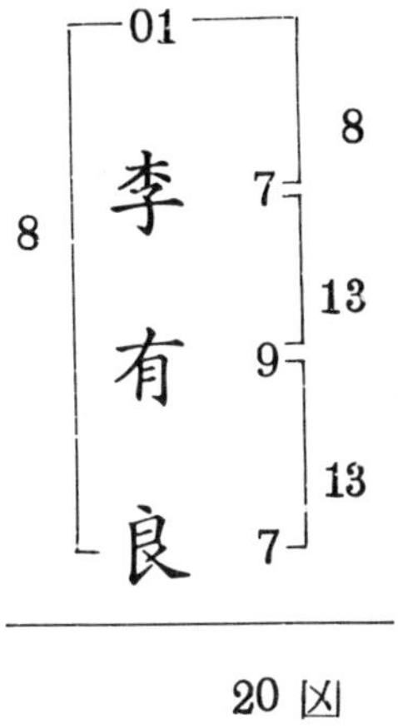

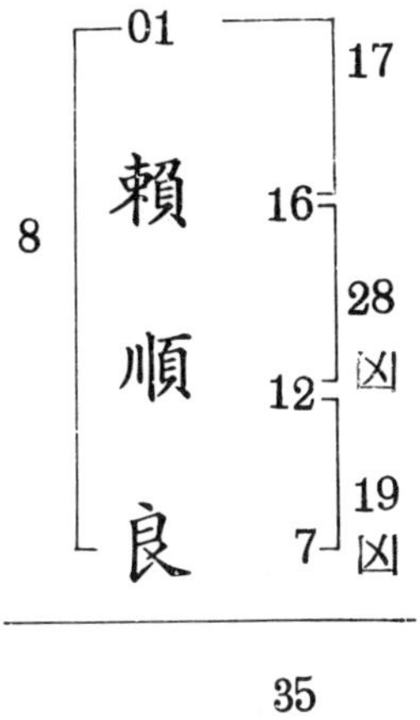

右者「有良」，「順良」之字義應有良心、道德之意，其實如何民國四十二年十月九日「有良」盜竊財物強姦江金鑾事畢恐其告發遂殺以滅口。又翌日在賭場殺死賭友「賴順良」兩案俱發被判死刑槍決。

		01	
			17
	陳	16	
13			24
	和	8	
			20
	順	12	凶

36 凶

		01	
			17
	陳	16	
			22 凶
7	吉	6	
			12 凶
	安	6	

28 凶

右者兄名「和順」弟名「吉安」由字義觀之應兄弟和睦，而享安樂生活，不料兄竟被弟刺死，其弟被判長期徒刑，發生家門之大不幸也。

		01	
			16
13	郭	15	
			29 凶
	慈	14	
			26 凶
	悲	12	

41

		01	
			18
	謝	17	
			19 凶
16	清	12	
			27 凶
	標	15	

44 凶

右者謝清標乃台南縣樹林村村長，因村長競選時招怨於落選者，謝金達謝金蹇二人，落選者抱恨將二千元收買郭慈悲爲兇手，於民國四十五年七月一日夜半，殺死村長謝清標後，被判無期徒刑。顧名思義，「慈悲」兩字，乃佛家之崇高標識，理應慈悲守道，今竟助紂爲虐，貪財而殺

人違背慈悲之宗旨，此亦字義之無靈，數理之偉力，有以致之。綜合上記數例，可以證明，吾人一生之命運順逆，多爲姓名之數理所操縱，而姓名之善惡，又因數理之吉凶，所左右之。

3.宗教信仰者之命名

基督教信徒，對兒女之出生，信是主耶穌之所賜，卽命名曰「主恩」、「承恩」、「天助」，佛教信教信仰者，命名曰「佛護」，「天佑」。

㈢尊重字韻之命名

爲辨上下輩之關係，凡同輩之兄弟，其名之上字或下字，取同一文字，而命名者，謂之同輩之字韻，譬如頭字相同之例「全義」，「全祿」、「全忠」、「全興」或「瑞麟」、「瑞隆」、「瑞祥」，尾字相同者，如「朝儀」、「德儀」、「再儀」之類。或有以好字義之語句爲子韻譬如以「仁義禮智信」，爲同輩之字韻，所以命名曰「仁德」，次子爲「義盛」，三子爲「禮元」，四子曰「智勇」，五子曰「信成」。大凡以字韻之命名者，是其一族之祖先創設之例。以此可辨別上下輩，以外毫無利益，但古輩之人士，尙守此例，以爲子孫命名者，以爲是順祖先之敎訓爲孝道，而不知姓名有影響一生之命運。所以若不適合姓之字，爲字韻而命名者，必破壞其一生之命運。譬如，顏、魏、戴、簡姓之人士對其子孫若命名爲「弘文」、「弘仁」、「弘德」、「

弘毅」、「弘道」者，有水火急變之災禍，實屬危險之凶名，恐必遭意外之災厄。

假如有適合於姓之字爲字韻，而各人之生時月日之不同，亦未必適合於先天八字，故若不按實定名者，則不能謂之正名。名若不正，一生則不能發揮其運途。所以一字之差，致使子孫惹禍，或不能發達，豈爲孝順之道。所以有字韻之宗族者，請小心研究是幸。

(四) 考查先天八字而後命名

有信先天八字之人，於兒女出生時，訪星象家，委託其推造命名。卽謂之按實定名，惟熊崎氏姓名學之命名，除注重先天八字外，還要以姓名之數理，扶抑先天八字，以期命與相符，乃是名符其實的按實定名也，茲再將萬式命名方法之誤謬，列舉如下：

甲、缺木之先天八字

命名曰「木生」，「甲乙」，或有木字旁之文字，就信有木之靈動，可以補助其先天，其實不然，左擧實例以供參考。

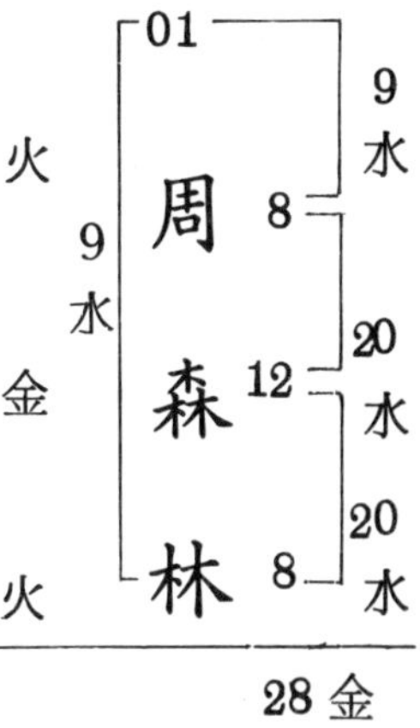

丙子
庚子
己巳
癸酉

上記之八字缺木，所以命名。曰「森林」信爲有木其實無木。

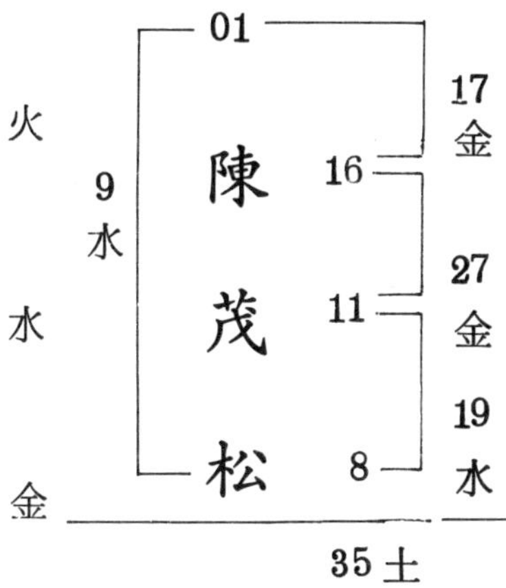

丙子
戊戌
己酉
丁丑

上記八字亦是缺木，姓名之數理及音靈皆無木。

乙、缺火之先天八字

命名曰「炎生」，「丙丁」，或有火字旁之字，信有火之五行，事實不然。

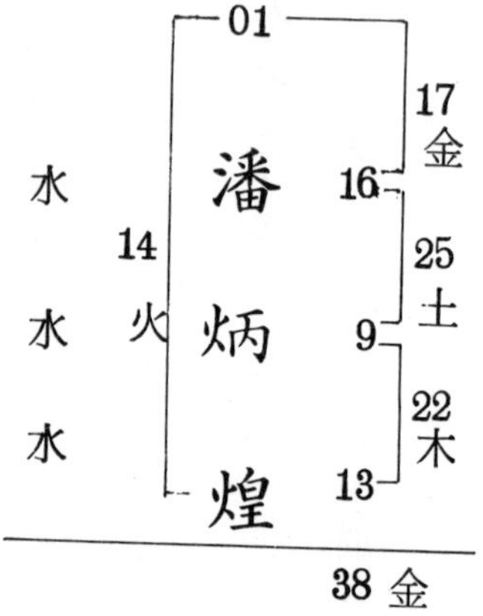

癸亥
癸亥
庚辰
己卯

上記八字缺火，外格十四數雖屬火，乃破壞之凶數並無作用。

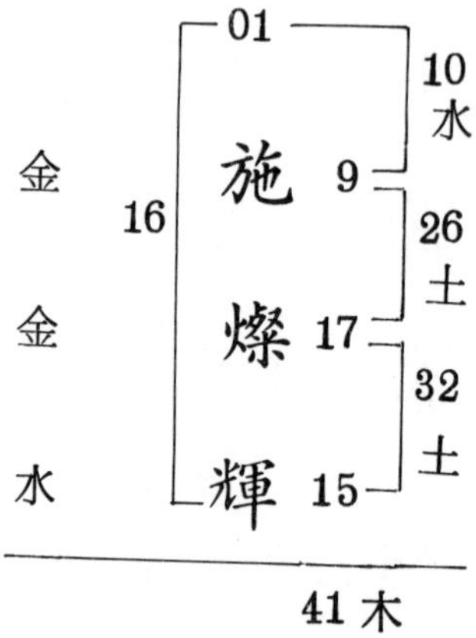

丁卯
己酉
壬申
庚戌

上記之八字缺火，而姓名之數理，及音靈皆無火。

丙、缺土之先天八字

命名曰「土城」「戊己」，或有土旁之文字，就信有土之作用，事實不然。

		01		
金	17 金	16	陳	火
金	27 凶	11	茂	4 火
火	14 凶	3	己	火 4 凶
			30 凶	

辛亥
丁酉
癸卯
乙卯

上記八字缺土，而戊己之姓名皆無土。

丁、缺金之先天八字

命名曰「金生」、「庚辛」、或有金字旁之文字，就信有金之作用，事實不然。

		01		
16 土	15	劉		火
29 水	14	銅	21 木	火
34 火	20	鐘		火
	49 水			

癸亥
丙辰
癸酉
乙卯

上記八字缺金，而姓名之數理及音靈，全然無金。

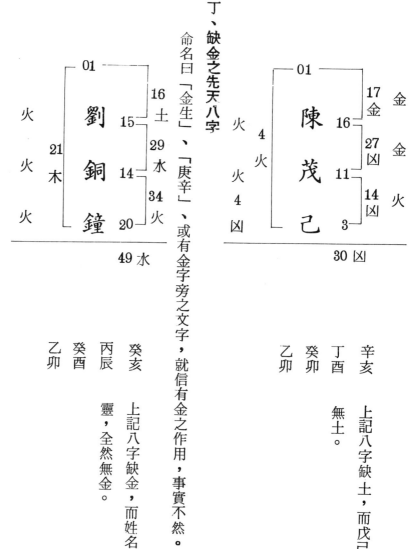

土	01	
水	王 4	5 土
木	明 8	12 木
25 土	鑫 24	32 木
	36 土	

丁亥　乙巳　丁亥　丙午

上記八字缺金，而姓名及音靈無金。

戊、缺水之先天八字

命名曰「清水」，「壬癸」，或有三點水之水字旁文字，就信有水之作用。

火	01	
火	陳 16	17 金
水	清 12	28 金
15 土	溪 14	26 土
	42 木	

丙子　丁巳　丙辰　癸巳

上記八字缺水，而姓名之數理及音靈無水。

(01) 高 10 渭 13 淙 12

天格 11 木；人格 23 火；地格 25 土；外格 13 火；總格 35 土

木 土 金

庚午
辛巳
己巳
丙戌

上記八字缺水，而姓名之數理及音靈無水

總而言之，命名之時，首先要考查先天八字之五行，有無偏缺，然後以姓名之數理補救之，才能名符其實，但過去舊法，僅以金木水火土，及甲乙丙丁戊己庚辛壬癸，或子丑寅卯辰巳午未申酉戌亥之文字，或有金木水火土之字旁文字，相信就有五行之作用，可以補救先天，此則誤謬至甚，蓋文字之五行，不在其意表，而在其畫數及音靈，就不知姓名與先天八字有密切關係，即一知半解之中，而爲自己之子孫，或爲他人命名者，實屬害人不淺也。

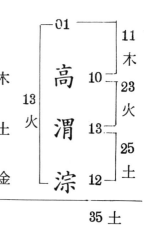

二十二、姓名學字畫數法

姓名學關係人生之吉凶禍福，一如上述。姓名之文字畫數，具有極奧秘之數理，因而發生強大的靈意，影響人之命運。相傳上古時代倉頡見鳥獸遠號之跡，知分理之可相別異，而創造文字書契。我國文字自選字以來，經過數千年之洗鍊，具有美侖美奐之偉大，和微妙的體系，皆本於自然造化之法則，含蘊奧妙之數理靈動。至今仍不能任意加減一點一畫，讀者參閱本書，自可明瞭此點。

文字係由「點」與「線」所構成，而一點與一線，就是啓示命運最單純之數理符號，姓名學以文字之筆畫數理而測定，人生命之否泰，所以姓名之文字，其一點一畫，皆不能忽視苟且。

譬如「四」字，按字形雖是五畫，而其靈意則是四畫，「五」字雖是四畫，其靈動是五，所以「四」從四畫，「五」字從五畫，同樣「七」、「八」、「十」雖係二畫，但是其靈意是「七」、「八」、「十」所以各從「七」「八」、「十」畫，而非二畫。

再如「池」字，按字形雖是六畫，但是其字旁「氵」三點水，是水之意，要作水之四畫計算

，所以「池」字要作七畫看，以其有七數之靈動也。

舊式姓名學，文字之根本意義，與其內在之靈意而從字形之實在畫數計算字畫，實屬大謬，本書特爲訂正之。

㈠簡　字

簡體字，必須改爲正體字。譬如：「万居的」万是萬的簡體字，姓名判斷上必須以正體字計算的。那麼，「点」是「點」，「気」是「氣」，「国」是「國」，「机」是「機」，「权」是「權」。像這樣的一一改正，然後方可計算它的筆畫數的。

㈡旁　字

氵（水），三點水四畫。　例：池（7）　海（11）

礻（示），半體旁五畫。　例：福（14）　祉（9）

忄（心），立心旁四畫。　例：恒（10）　愼（14）　憎（16）

扌（手），挑手旁四畫。　例：打（6）　持（10）　操（17）

犭（犬），秉犬旁四畫。　例：狩（10）　狭（11）　猛（21）

王（玉），玉字旁五畫。　例：現（12）　理（12）　環（18）

衤（衣），半衣旁六畫。　例：被（11）　裕（13）　補（13）

艹（艸），草字頭六畫。　例：花（10）　英（11）　莊（13）

月（肉），肉字旁六畫。　例：腦（15）　脈（12）　肺（10）

辶（辵），走馬旁以辵字為七畫　例：近（11）　連（14）　送（13）

阝（邑），右耳鈎以邑字為二畫。　例：都（16）　郊（13）　鄉（17）

阝（阜），左耳鈎以阜為八畫。　例：隊（17）　陳（16）　限（14）

（註）以上係以文字歸類部首為準，如不歸列以上部首，則仍以形計算實有畫數，如「酒」字屬酉部，非「水部」，故仍為十畫，非十一畫，巡字屬「巛」部，非「辵」部，故仍為七畫而非十畫，照此則可得姓名學標準字畫數。

(三) 數　字

一—1畫　二—2畫　三—3畫　四—4畫　五—5畫

六—6畫　七—7畫　八—8畫　九—9畫　十—10畫

百—6畫　千—3畫

㈣畫數容易算誤之文字

五畫　世卯巧
六畫　臣亥印
七畫　成廷初巡
八畫　政函亞協武
九畫　泰表染致飛
十畫　育酒馬芽
十一畫　胡卿斌梁偉紫貫豚
十二畫　盛能傑淵壺黃博
十三畫　塚琴鼎祿裕路
十四畫　夢實華壽慈碧與賓
十五畫　養興寬廣賜郵
十六畫　燕龍錫龜導
十七畫　燦隆鄉鴻聯
十八畫　翼爵繡豐
十九畫　繩贊關藹
二十畫　瓊犧露

二十三、百家姓吉畫數配格便例（命名參考）

二畫之姓

丁火 刀火 卜水 七金 力火

外格 3；01、2、4、2；天格 3、人格 6、地格 6；總格 8

外格 13；01、2、3、12；天格 3、人格 5、地格 15；總格 17

外格 11；01、2、1、10；天格 3、人格 3、地格 11；總格 13

外格 13；01、2、4、12；天格 3、人格 6、地格 16；總格 18

外格 11；01、2、3、10；天格 3、人格 5、地格 13；總格 15

外格 11；01、2、11、10；天格 3、人格 13、地格 21；總格 23

外格 5；01、2、9、4；天格 3、人格 11、地格 13；總格 15

外格 11；01、2、13、10；天格 3、人格 15、地格 23；總格 25

三畫之姓

于土　山金　干木　上金　千金

外格	姓名畫數	格數
15	01	3
	2	11
	9	23
	14	
總格	25	

外格	姓名畫數	格數
5	01	3
	2	21
	19	23
	4	
總格	25	

外格	姓名畫數	格數
21	01	3
	2	13
	11	31
	20	
總格	33	

外格	姓名畫數	格數
15	01	3
	2	21
	19	33
	14	
總格	35	

外格	姓名畫數	格數
24	01	3
	2	16
	14	37
	23	
總格	39	

外格	姓名畫數	格數
15	01	3
	2	25
	23	37
	14	
總格	39	

外格	姓名畫數	格數
25	01	3
	2	15
	13	37
	24	
總格	39	

15	01, 2, 19, 14	3, 21, 33	35
16	01, 3, 3, 15	4, 6, 18	21
3	01, 3, 3, 2	4, 6, 5	8
13	01, 3, 20, 12	4, 23, 32	35
7	01, 3, 12, 6	4, 15, 18	21
7	01, 3, 2, 6	4, 5, 8	11
15	01, 3, 18, 14	4, 21, 32	35
6	01, 3, 13, 5	4, 16, 18	21
6	01, 3, 3, 5	4, 6, 8	11
23	01, 3, 10, 22	4, 13, 32	35
15	01, 2, 9, 14	3, 11, 23	25
6	01, 3, 8, 5	4, 11, 13	16

四畫之姓

王土　方水　孔木　毛水　尹土　牛土　文水　尤土　元木　卡木　公木　巴水　戈木　井金　支火　仇金　水木　金　亢金

木水

	01	4
	3	16
23	13	35
	22	
	38	

	01	4
	3	15
24	12	35
	23	
	38	

	01	4
	3	25
24	22	45
	23	
	48	

	01	5
	4	5
3	1	3
	2	
	7	

	01	5
	4	6
6	2	7
	5	
	11	

	01	5
	4	13
3	9	11
	2	
	15	

	01	5
	4	13
5	9	13
	4	
	17	

23	01	} 5
	4	} 15
	11	} 33
	22	
	37	

13	01	} 5
	4	} 17
	13	} 25
	12	
	29	

16	01	} 5
	4	} 6
	2	} 17
	15	
	21	

16	01	} 5
	4	} 24
	20	} 35
	15	
	39	

13	01	} 5
	4	} 23
	19	} 31
	12	
	35	

7	01	} 5
	4	} 15
	11	} 17
	6	
	21	

17	01	} 5
	4	} 25
	21	} 37
	16	
	41	

23	01	} 5
	4	} 13
	9	} 31
	22	
	35	

17	01	} 5
	4	} 5
	1	} 17
	16	
	21	

23	01	} 5
	4	} 23
	19	} 41
	22	
	45	

15	01	} 5
	4	} 23
	19	} 33
	14	
	37	

13	01	} 5
	4	} 15
	11	} 23
	12	
	27	

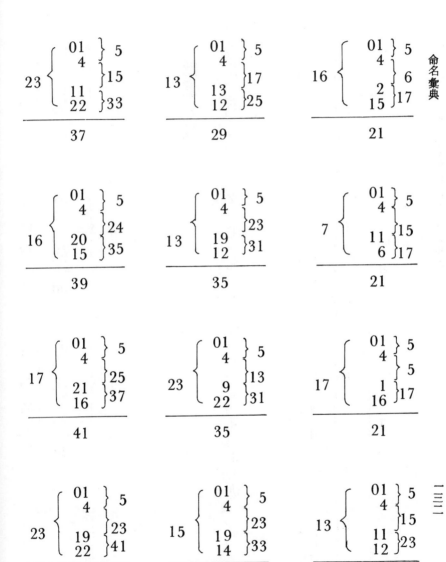

五畫之姓

白水 田火 石金 甘木 丘木 包木 史金 申金 司金 令火 左火 古木 皮水 平水 卯水 巧木 右土 冉火 五木

	01	6
5	5	7
	2	6
	4	
	11	

	01	6
8	5	6
	1	8
	7	
	13	

	01	6
6	5	13
	8	13
	5	
	18	

	01	6
15	5	7
	2	16
	14	
	21	

	01	6
5	5	17
	12	16
	4	
	21	

	01	6
17	5	13
	8	24
	16	
	29	

	01	6
5	5	25
	20	24
	4	
	29	

	01	6
15	5	15
	10	24
	14	
	29	

8	01	6
	5	16
	11	18
	7	
	33	

15	01	6
	5	23
	18	32
	14	
	37	

25	01	6
	5	13
	8	32
	24	
	37	

六畫之姓

朱火 安土 任火 伊土 朴水 百水 印土 伍木 年火 米水 伏水 仝火 戎金 牟火 吉木 向水 羊土 后水 再金

仲火 曲木 同火 危木 匡土 安土

7	01	7
	6	15
	9	15
	6	
	21	

6	01	7
	6	16
	10	15
	5	
	21	

8	01	7
	6	16
	10	17
	7	
	23	

5	01	7
	6	25
	19	23
	4	
	29	

	01	7
15	6	15
	9	23
	14	
	29	

	01	7
17	6	15
	9	25
	16	
	31	

	01	7
16	6	16
	10	25
	15	
	31	

	01	7
7	6	25
	19	25
	6	
	31	

	01	7
15	6	25
	19	33
	14	
	39	

	01	7
25	6	15
	9	33
	24	
	39	

	01	7
24	6	16
	10	33
	23	
	39	

	01	7
17	6	25
	19	35
	16	
	41	

七畫之姓

何水 杜火 吳土 宋金 李火 呂火 江木 辛金 余土 巫水 車木 谷木 池火 利火 成金 貝水 甫水 伸金 克木 汝火

岑木 延土 良火

	01	8
8	7	16
	9	16
	7	
	23	

	01	8
11	7	15
	8	18
	10	
	25	

	01	8
17	7	15
	8	24
	16	
	31	

	01	8
7	7	25
	18	24
	6	
	31	

	01	8
16	7	16
	9	24
	15	
	31	

	01	8
18	7	15
	8	25
	17	
	32	

	01	8
8	7	25
	18	25
	7	
	32	

	01	8
17	7	16
	9	25
	16	
	32	

八畫之姓

木火 金木 沈金 空木 昌金 沙金 官木 卓火 季木 宗火 周火 孟水 汪水 易土 東火 定火 竺火 岳土木 狄火 居木

屈木 杭木 武水 幸水 來火 牧金 宓火 沃土 治土 呼水 門水 和水 房木

16	01, 8, 8, 15	9, 16, 23	31
3	01, 8, 13, 2	9, 21, 15	23
3	01, 8, 3, 2	9, 11, 5	13
17	01, 8, 7, 16	9, 15, 23	31
6	01, 8, 10, 5	9, 18, 15	23
6	01, 8, 8, 5	9, 16, 13	21
18	01, 8, 7, 17	9, 15, 24	32
7	01, 8, 10, 6	9, 18, 16	24
13	01, 8, 3, 12	9, 11, 15	23
17	01, 8, 8, 16	9, 16, 24	32
8	01, 8, 9, 7	9, 17, 16	24
8	01, 8, 8, 7	9, 16, 15	23

23 { 01 / 8 / 3 / 22 }
01 + 8 = 9
8 + 3 = 11
3 + 22 = 25
總 33

17 { 01 / 8 / 9 / 16 }
01 + 8 = 9
8 + 9 = 17
9 + 16 = 25
總 33

13 { 01 / 8 / 13 / 12 }
01 + 8 = 9
8 + 13 = 21
13 + 12 = 25
總 33

18 { 01 / 8 / 8 / 17 }
01 + 8 = 9
8 + 8 = 16
8 + 17 = 25
總 33

16 { 01 / 8 / 10 / 15 }
01 + 8 = 9
8 + 10 = 18
10 + 15 = 25
總 33

8 { 01 / 8 / 24 / 7 }
01 + 8 = 9
8 + 24 = 32
24 + 7 = 31
總 39

九畫之姓

施金 柯木 侯水 段火 韋土 姚土 姜木 風水 柳火 俞金 紀木 柴金 封水 秋金 皇水 禹土 哈木 紅水 羿木 計木

泉金 封水 狐水 咸水 宣金 帥金

21 { 01, 9, 12, 20 } 10, 21, 32

41

5 { 01, 9, 12, 4 } 10, 21, 16

25

5 { 01, 9, 2, 4 } 10, 11, 6

15

11 { 01, 9, 22, 10 } 10, 31, 32

41

15 { 01, 9, 2, 14 } 10, 11, 16

25

8 { 01, 9, 8, 7 } 10, 17, 15

24

13 { 01, 9, 20, 12 } 10, 29, 32

41

17 { 01, 9, 7, 16 } 10, 16, 23

32

7 { 01, 9, 9, 6 } 10, 18, 15

24

18 { 01, 9, 6, 17 } 10, 15, 23

32

8 { 01, 9, 9, 7 } 10, 18, 16

25

十畫之姓

高木　孫金　徐金　馬水　倪木　秦火　夏水　洪土　翁土　唐火　袁水　殷土　花水　烏土　時金　紐火　凌火　晏土　城金　祝火

班水　桂木　家木　耿木　姬木　晉火　洛火　恩土　桃火　貢木　宰金　祖金　奚土　耿木　庫土

外	數	格
5	01	
	10	11
		11
	1	
	4	5
	15	

外	數	格
3	01	
	10	11
		13
	3	
	2	5
	15	

外	數	格
6	01	
	10	11
		11
	1	
	5	6
	16	

外	數	格
3	01	
	10	11
		21
	11	
	2	13
	23	

外	數	格
11	01	
	10	11
		13
	3	
	10	13
	23	

外	數	格
13	01	
	10	11
		13
	3	
	12	15
	25	

外	數	格
8	01	
	10	11
		24
	14	
	7	21
	31	

外	數	格
11	01	
	10	11
		23
	13	
	10	23
	33	

25
01
10 } 11
} 21
11
24 } 35
45

8
01
10 } 11
} 32
22
7 } 29
39

13
01
10 } 11
} 21
11
12 } 23
33

18
01
10 } 11
} 24
14
17 } 31
41

15
01
10 } 11
} 21
11
14 } 25
35

13
01
10 } 11
} 29
19
12 } 31
41

13
01
10 } 11
} 23
13
12 } 25
35

15
01
10 } 11
} 31
21
14 } 35
45

15
01
10 } 11
} 21
11
14 } 25
35

十一畫之姓

張火　許木　梁火　康木　曹火　商金　范水　章火　梅水　崔金　麥水　崖木　常金　邢木　苗水　尉土　那火　寇木　從火　涂火

區木水　巢金　英土　婁火　戚金　畢水　符水　斬木　胡木　祁木

15	01	12
	11	
		21
	10	
	14	24
	35	

5	01	12
	11	
		13
	2	
	4	6
	17	

13	01	12
	11	
		23
	12	
	12	24
	35	

3	01	12
	11	
		33
	22	
	2	24
	35	

5	01	12
	11	
		31
	20	
	4	24
	35	

21	01	12
	11	
		32
	21	
	20	41
	52	

23	01	12
	11	
		13
	2	
	22	24
	35	

24	01	12
	11	
		29
	18	
	23	41
	52	

十二畫之姓

黃木 曾火 邱木 彭水 邵金 程火 辜木 馮水 阮木 傅水 童火 項水 覃木 堵火 景木 舒金 喬木 賀水 荊水 閔水

荀金 堯木 庾土 單水 勢火 富水 甯火 喻土 費水 雲水 焦金 賁水 茹土 斐水 粟火 盛金

3	01, 12, 3, 2	13, 15, 5	17
11	01, 12, 1, 10	13, 13, 11	23
5	01, 12, 9, 4	13, 21, 13	25
11	01, 12, 3, 10	13, 15, 13	25
6	01, 12, 20, 5	13, 32, 25	37
5	01, 12, 13, 4	13, 25, 17	29
15	01, 12, 3, 14	13, 15, 17	29
12	01, 12, 1, 10	13, 13, 11	23

$$23\left\{\begin{array}{r}01\\12\\ \\13\\22\end{array}\right.\begin{array}{l}\}13\\ \\ \}25\\ \\ \}35\end{array}\qquad \underline{\hphantom{000}}\; 47$$

$$11\left\{\begin{array}{r}01\\12\\ \\13\\10\end{array}\right.\begin{array}{l}\}13\\ \\ \}25\\ \\ \}23\end{array}\qquad \underline{\hphantom{000}}\; 35$$

$$11\left\{\begin{array}{r}01\\12\\ \\11\\10\end{array}\right.\begin{array}{l}\}13\\ \\ \}23\\ \\ \}21\end{array}\qquad \underline{\hphantom{000}}\; 33$$

$$23\left\{\begin{array}{r}01\\12\\ \\23\\22\end{array}\right.\begin{array}{l}\}13\\ \\ \}35\\ \\ \}45\end{array}\qquad \underline{\hphantom{000}}\; 57$$

$$13\left\{\begin{array}{r}01\\12\\ \\13\\12\end{array}\right.\begin{array}{l}\}13\\ \\ \}25\\ \\ \}25\end{array}\qquad \underline{\hphantom{000}}\; 37$$

$$5\left\{\begin{array}{r}01\\12\\ \\19\\4\end{array}\right.\begin{array}{l}\}13\\ \\ \}31\\ \\ \}23\end{array}\qquad \underline{\hphantom{000}}\; 35$$

$$15\left\{\begin{array}{r}01\\12\\ \\11\\14\end{array}\right.\begin{array}{l}\}13\\ \\ \}23\\ \\ \}25\end{array}\qquad \underline{\hphantom{000}}\; 37$$

$$15\left\{\begin{array}{r}01\\12\\ \\9\\14\end{array}\right.\begin{array}{l}\}13\\ \\ \}21\\ \\ \}23\end{array}\qquad \underline{\hphantom{000}}\; 35$$

$$15\left\{\begin{array}{r}01\\12\\ \\19\\14\end{array}\right.\begin{array}{l}\}13\\ \\ \}31\\ \\ \}33\end{array}\qquad \underline{\hphantom{000}}\; 45$$

$$21\left\{\begin{array}{r}01\\12\\ \\3\\20\end{array}\right.\begin{array}{l}\}13\\ \\ \}15\\ \\ \}23\end{array}\qquad \underline{\hphantom{000}}\; 35$$

十三畫之姓

詹火 湯火 莊火 楊土 游土 賈木 雷火 路水 莫水 雍土 虞火 郁水 農火 廉火 湛木 溫土 裘水 荻火 嵩金

	01	14
	13	16
3	3	5
	2	
	18	

	01	14
	13	16
6	3	8
	5	
	21	

	01	14
	13	25
5	12	16
	4	
	29	

	01	14
	13	15
17	2	18
	16	
	31	

	01	14
	13	15
17	2	18
	16	
	31	

	01	14
	13	25
7	12	18
	6	
	31	

	01	14
	13	16
16	3	18
	15	
	31	

	01	14
	13	25
13	12	24
	12	
	37	

7	01 / 13	14
	13 / 18	31
	18 / 6	24
	總計	37

7	01 / 13	14
	13 / 8	21
	8 / 6	14
	總計	27

25	01 / 13	14
	13 / 8	21
	8 / 24	32
	總計	45

15	01 / 13	14
	13 / 18	31
	18 / 14	32
	總計	45

23	01 / 13	14
	13 / 10	23
	10 / 22	32
	總計	45

24	01 / 13	14
	13 / 12	25
	12 / 23	35
	總計	48

18	01 / 13	14
	13 / 18	31
	18 / 17	35
	總計	48

十四畫之姓

漣火 廖火 趙火 華水 熊水 管木 褚火 塗火 赫火 郤水 裴水 齊火 甄金 溫土 臧土 韶金 榮土 翟火 鳳水 郎火

端火 廣木 郜木 壽金

3	01	15
	14	35
	21	23
	2	
	37	

17	01	15
	14	15
	1	17
	16	
	31	

7	01	15
	14	15
	1	7
	6	
	21	

13	01	15
	14	25
	11	23
	12	
	37	

8	01	15
	14	25
	11	18
	7	
	32	

13	01	15
	14	17
	3	15
	12	
	29	

16	01	15
	14	24
	10	25
	15	
	39	

18	01	15
	14	15
	1	18
	17	
	32	

7	01	15
	14	23
	9	15
	6	
	29	

13	01	15
	14	23
	9	21
	12	
	35	

3	01	15
	14	33
	19	21
	2	
	35	

7	01	15
	14	25
	11	17
	6	
	31	

	01	15
	14	33
13	19	31
	12	
	45	

	01	15
	14	23
23	9	31
	22	
	45	

十五畫之姓

葉土 劉火 歐土 郭木 樂木 萬水 董火 葛木 黎火 談火 樊土 厲火 滿水 魯火 樓火 鞏木

	01	16
	15	17
5	2	6
	4	
	21	

	01	16
	15	17
15	2	16
	14	
	31	

	01	16
	15	24
8	9	16
	7	
	31	

	01	16
	15	25
15	10	24
	14	
	39	

十六畫之姓

陳火　賴火　盧火　潘水　駱火　錢金　陶火　閻木　蒲水　龍火　衞土　穆水　陸火　魯火　鮑水　霍木　諸火　蒯木　衡金

	01	
		16
	15	
25		23
	8	
		32
	24	
	47	

	01	
		16
	15	
5		35
	20	
		24
	4	
	39	

	01	
		16
	15	
18		35
	20	
		37
	17	
	52	

	01	
		16
	15	
16		24
	9	
		24
	15	
	39	

	01	
		16
	15	
8		25
	10	
		17
	7	
	32	

	01	
		16
	15	
15		33
	18	
		32
	14	
	47	

	01	
		16
	15	
24		24
	9	
		32
	23	
	47	

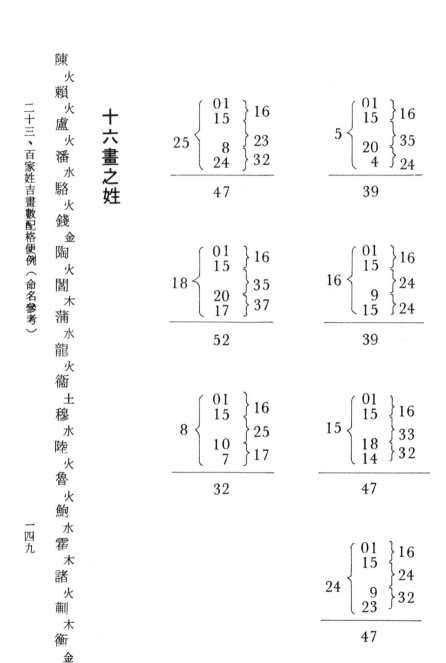

十七畫之姓

蔡金 謝金 鍾火 韓水 鄒火 蔣火 陽土 館木 應土 繆水 蔚土 隆火 滕火 澹火 蓁水

5	01	17	
	16	25	
	9	13	
	4		29

7	01	17	
	16	25	
	9	15	
	6		31

8	01	17	
	16	25	
	9	16	
	7		32

5	01	17	
	16	29	
	13	17	
	4		33

15	01	17	
	16	25	
	9	23	
	14		39

5	01	17	
	16	35	
	19	23	
	4		39

7	01	17	
	16	25	
	9	15	
	6		31

17	01	17	
	16	25	
	9	25	
	16		41

	01	
	17	18
8		25
	8	
	7	15
	32	

	01	
	17	18
7		29
	12	
	6	18
	35	

	01	
	17	18
11		25
	8	
	10	18
	35	

	01	
	17	18
7		35
	18	
	6	24
	41	

	01	
	7	8
17		15
	8	
	16	24
	31	

	01	
	17	18
18		35
	18	
	17	35
	52	

十八畫之姓

顏木 黎木 戴火 簡木 龐水 闕木 聶金 薄水 豐水 儲火 鄢土 鄞木 魏木 擄木 顓金 瞿木

11 { 01, 18, 19, 10 } 19, 37, 29
47

7 { 01, 18, 11, 6 } 19, 29, 17
35

3 { 01, 18, 3, 2 } 19, 21, 5
23

16 { 01, 18, 14, 15 } 19, 32, 29
47

8 { 01, 18, 14, 7 } 19, 32, 21
39

7 { 01, 18, 7, 6 } 19, 25, 13
31

11 { 01, 18, 11, 10 } 19, 29, 21
39

3 { 01, 18, 13, 2 } 19, 31, 15
33

17 { 01, 18, 7, 16 } 19, 25, 23
41

13 { 01, 18, 3, 12 } 19, 21, 15
33

十九畫之姓

鄭火 薛金 鄧火 蕭金 譚火 關木 龐木

	01	20
	19	
5		21
	2	
	4	6
	25	

	01	20
	19	
8		25
	6	
	7	13
	32	

	01	20
	19	
5		31
	12	
	4	16
	35	

	01	20
	19	
15		21
	2	
	14	16
	35	

	01	20
	19	
18		31
	12	
	17	29
	48	

	01	20
	19	
17		32
	13	
	16	29
	48	

	01	20
	19	
18		35
	16	
	17	33
	52	

	01	20
	19	
11		47
	28	
	10	38
	57	

21	01	20	
	19	37	
	18	38	
	20		
			57

二十畫之姓

羅火 藍火 鐘金 釋金 嚴水 竇火 酆土

8	01	21	
	20	24	
	4	11	
	7		
			31

11	01	21	
	20	23	
	3	13	
	10		
			33

3	01	21	
	20	33	
	13	15	
	2		
			35

18	01	21	
	20	24	
	4	21	
	17		
			41

二十一畫之姓

顧木 巍木 饒木 藏火 闞木

13 ｛ 01, 20 ｝21；20, 11 ｝31；11, 12 ｝23
總 43

13 ｛ 01, 20 ｝21；20, 13 ｝33；13, 12 ｝25
總 45

23 ｛ 01, 20 ｝21；20, 3 ｝23；3, 22 ｝25
總 45

15 ｛ 01, 21 ｝22；21, 2 ｝23；2, 14 ｝16
總 37

5 ｛ 01, 21 ｝22；21, 12 ｝33；12, 4 ｝16
總 37

5 ｛ 01, 21 ｝22；21, 20 ｝41；20, 4 ｝24
總 45

13 ｛ 01, 21 ｝22；21, 12 ｝33；12, 12 ｝24
總 45

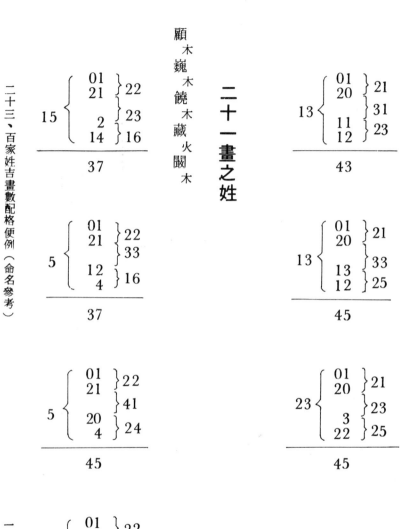

二十二畫之姓

蘇金　龔金　權木　藺木

23	01	22
	21	23
	2	24
	22	
	45	

21	01	22
	21	32
	11	31
	20	
	52	

5	01	23
	22	31
	9	13
	4	
	35	

13	01	23
	22	25
	3	15
	12	
	37	

15	01	23
	22	25
	3	17
	14	
	39	

5	01	23
	22	35
	13	17
	4	
	39	

二十三畫之姓

欒 火
蘭 火

17 { 01, 22, 9, 16 }
23 (01+22), 31 (22+9), 25 (9+16)
47

15 { 01, 22, 9, 14 }
23, 31, 23
45

23 { 01, 22, 3, 22 }
23, 25, 25
47

5 { 01, 22, 19, 4 }
23, 41, 23
45

23 { 01, 22, 13, 22 }
23, 35, 35
57

13 { 01, 22, 13, 12 }
23, 35, 25
47

16 { 01, 22, 10, 15 }
23, 32, 25
47

5 { 01, 23, 12, 4 } } 24, 35, 16

39

15 { 01, 23, 2, 14 } } 24, 25, 16

39

17 { 01, 23, 2, 16 } } 24, 25, 18

41

7 { 01, 23, 12, 6 } } 24, 35, 18

41

13 { 01, 23, 12, 12 } } 24, 35, 24

47

7 { 01, 23, 18, 6 } } 24, 41, 24

47

17 { 01, 23, 8, 16 } } 24, 31, 24

47

二十四、姓名數理之微妙

（八字相當不在此限）

短命運數	4 9 10 19 20 34 44	爲最凶惡之短命數。姓名的四格中有此數者，禍刼臨身，必陷於不幸。
美貌運數	4 14 12 22	都屬美貌之數。但生性變屈，男女皆多色情之災。家屬緣希薄，或心勞煩悶不絕，或本身羸弱。又十二、二十二數者，易罹癌疾。
能藝運數	13 14 26 29 33 36 38 42	都富於藝才，對於美術。藝道有上達之能力，具有幻想創造之力。
剛情運數	7 8 17 18 27 28 37 47	外觀雖是剛情但內心柔弱，亦有神經過敏者。又姓名四格中，多居此數時，容易誘發脚手之傷害。
柔弱運數	12 14 22 32	表面雖是柔弱，但內心甚爲剛情。所謂極端與極端可能一致的道理。

首領運數	3 16 21 23 31 33	兼備智、仁、勇三德，俱有立於上位，統率衆人之能力，有權威，名望之士。
寡婦運數	21 23 33 39	幼少時代病弱。此係首領運，只適於男子而不合女子的原故。且有首領運的婦人，若子嗣多惠者，夫妻的一方必早死亡。
溫和運數	5 6 11 15 16 24 31 32 35	性順良溫和，集上下之信望，圓滿之中，權威輝煌。
女德運數	5 6 15 16 35	凡帶有此數者，女人涵有美德，孝順父母，順從丈夫，教子有方。
雙妻運數	5 6 15 16 32 39 41	男人帶有此數，一妻似乎難偕老，如非生離，便是死別或納有小室，金屋藏嬌。
晚婚運數	9 10 12 17 22 28 34 35 38 43	希望理想高，造成高不成，低不就的現象，或者受到意外阻碍而難早成婚。
敗家運數	2 4 9 10 12 14 19 20 22 26 36	凡有此數，家境難進之象，但他格配合良好者，未必盡然。
蔭家運數	3 5 6 11 13 15 16 24 31 32 35	大凡有此數者，可蔭家業振興，如出生於貧困家庭者，得漸興家業。

養子運數	11 13 39 41	凡有此數者，非爲過繼人子，便是招婿之數。
喪偶運數	9 10 17 19 20 21 23 26 27 28 29 30 34 42 43	不論男女大凡有此數，易喪失配偶夫妻難予齊眉。
孤獨運數	4 10 12 14 22 28 34	有此數者，非具有孤獨性僻便是中年運陷於孤獨境遇。
好色之數	17 26 27 23 33 43 52 62	若婦女容易發生紅杏出牆之情事。又，二一數的婦人多刑夫。他格配合得宜即雖淫而不亂。
愛嬌之數	15 19 24 25 26 28 32	或總格有三二、四二數者，富於愛嬌之質，易受人憐愛
破壞之數	20 36 40 28 50	大凡有品行不良之傾向。行爲失檢自毀前程之數
病弱之數	2 4 9 10 12 14 19 20 32 34 36 46	大凡有此數者身體衰弱，易生疾病缺乏抵抗力所致。
風流運數	4 12 14 15 16 24 26 28 35 37 45	凡有此數之人，生性風流，易親近女人，亦爲女人所喜歡，易生桃色事件。
財富運數	24 32 33 15 16 41 52	將白手可能獲取鉅財，即二四數，財源廣進，二九數摑取財力，三二數財帛裕如，三三數，有意外之奇利。
流血運數	4 9 17 19 20 27 32 34 44 47	雖然財帛豐惠，且外交手腕亦優秀，但因破滅之意濃厚，難免家庭易破滅，又一生必流大血一次兩次也。

遭難運數	10 20 19 27 28 34 39 44	易受誹謗，遭難刑罰或招生離死別之禍。
劍難運數	3 4 6 8 9 10 12 14 17 18 19 20 28	凡有此數者，因易與人不和或多誤會衝突等因，犯有劍難，刀傷之厄。
自殺運數	20 27 34	若有此數而犯火尅者，易生偏狹心理，以致自殺之念而致不幸。
發狂運數	4 34 44 54	其他三格如有災難數或火、土相迫者，易發狂之兆。

二十五、五行相尅所引起的病症表

二十五、五行相尅所引起的病症表

五行相尅	五臟	五官	五色	五氣	五味	罹病
1 木 2 尅 5 土 6	脾	身	黃	濕	甘	胃病：胃酸過多、食慾不振、腹滿、胃擴漲、胃潰瘍、胃癌、胃出血。 腸病：急性腸炎
3 火 4 尅 7 金 8	肺	鼻	白	燥	辛	肺病：氣管支炎、肺炎、喘息、肺結核、鼻炎 大腸病：痔、便秘、眼疾。 皮膚病：腦神經衰弱。
5 上 6 尅 9 水10	腎	耳	黑	寒	鹹	婦人病：月經不順、子宮炎、子宮癌、瘤。腎臟炎、遺精、淋病、生殖器病、神經衰弱、神經痛、精神錯亂、狂癲、腰痛。
7 金 8 尅 1 木 2	肝	眼	青	風	酸	肝臟病、膽石病、黃疸病、 神經衰弱、頭痛、神經痛、不眠症 小兒痲痺。
9 水10 尅 3 火 4	心	舌	赤	熱	苦	心臟病：心炎 惡性貧血、急慢性關節炎 中風性脚氣、小兒痲痺、腦膜炎、心臟痲痺、 急變凶死。

二十六、職業的選擇

大凡的父母，都從其子女的體質及體格的特徵，或考慮其性格、知識、才能的特徵而使其進入適當的學校，或謀求適應的職業。

但，要選擇職業前，預先可以從姓名的「數」與「音」的五行變化及陰陽配合的暗示靈動，查考對其人使有如何的體質或氣質，乃至知識才能性格等特徵。因此爲兒女撰定名字之場所，應該要留其將來的職業，而對此職業的預定必須參酌先天運宿星的誘導，然後根據八十一數理從分別智（理性）情（感情）意（意志）的三部份，互助選擇配合適當的吉數命名。

理智發達之吉數：3 13 21 23 24 25 29 31 32 33 35 38 39 41 45 48 52 63 67 68

感情濃厚之吉數：1 3 5 6 11 15 16 21 23 32 33

意志堅忍之吉數：7 8 11 17 18 21 25 31 37 41 47

政治家的吉祥數：16 17 21 23 26 33 37 39 等最喜勇往果決之姓名。

學者最吉祥數：12 13 14 21 26 28 29 34 48 等最好取理智性發達的數理。

實業家的吉祥數：11 15 16 21 24 31 32 41 52 等數。

二十七、交友，合股之配合看法

從姓名上可窺察人之品性，更可用在社交上擇友。一個人在社會上不能獨立無友，如果無朋無友，不但經濟上難獲援助，精神上亦失慰藉鼓勵。在社會事業上難有成就。然而因交友不慎遭遇傾家蕩產身敗名裂，甚之，犧牲了寶貴的生命，但亦有得到朋友之助，而成就大事大業者。

孔子曰「交友妄益，不而已矣」，因此一個人之成敗不無因交友而有所影響。在姓名數理不單可察知人之品性，還要知道左列要訣，無論在合股事業上，或交友上能獲得互助合作。

格部		人格				
	人格	木	火	土	金	水
人格	相合	水	木	火	土	金
		火	土	金	水	木
	不合	金	水	木	火	土
		土	金	水	木	火
總格	有益	水	木	火	土	金
	少益易合	火	土	金	水	木
		木	火	土	金	水
	忌合作	金	水	木	火	土
		土	金	水	木	火

註：人格看交友。
總格看合股。

一、交友成功實例

關 19
羽 6
25 土
25

劉 15
備 12
27 金
27

張 11
飛 9
20 水
20

右者為三國時代，創「桃園三結義」的金蘭之盟。畢生講義氣，能同生死，共患難。從姓名人格上可窺知，關羽25土，劉備27金，再生張飛20之水，始終以劉備為主，結成一體，赤手空拳，匡扶漢室，鼎定三國之一的歷史大英雄。

二、交友不慎反被分屍實例

木 12
水 19
↓
火 14

01
張 11
昌 8
平 6
7
25 土

分屍慘死者

兇手

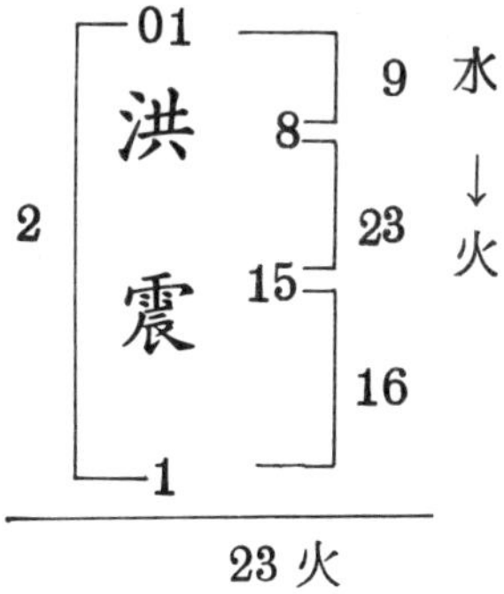

兇手

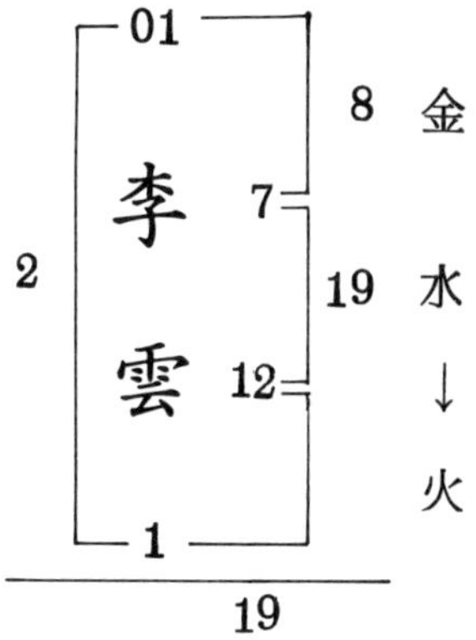

右者轟動全省分屍慘案。死者張昌年，係中央銀行公庫副經理，於民國四十六年十一月十一日被其友人汪震、李雲謀財害命以致分屍慘死。皆因其姓名之人格部十九數，多難殺傷，又三才五行人格之水尅地格之火成爲水火急變之災。兇手汪震、李雲，經法院審查終結，認爲惡性重大，判處死刑。查張、李、汪三人姓名之三才五行配置，尤其人格，皆因水火相尅，不能投機合股之凶兆，故發生急變災禍，以致搶殺短命。

二十八、怎樣選擇店鋪行號

㈠店鋪行號字義的選擇

談起人的姓名，很容易聯想到商店的店號（包括各種廠商社團、公司行號的名稱），廠店的字號，猶如人之姓名，其作用不僅在以資識別，是具有不容忽視的影響力。商家要廣招徠，首先對於他的店號叫起來是否響亮，要費一番心思。我們可以說，店號之良否，關係其前途的榮枯盛衰，正如一個人之姓名，關係其命運一樣，是故欲其營業繁榮，利路亨通者，不可不加以研究。

選擇店號，原則上多取意義吉祥利市，宏亮好聽，或取簡捷順口，易記易誦為佳，（即音韻五行要配合），並應注意相配，所謂相配，可以從幾方面來說：譬如說所取的字，要適合所營之業，（符合本行的特性）舉個淺明的例子，如用玫瑰、孔雀、黑貓、五月花、致美樓，做為酒家、茶室、沙龍、咖啡館的店號則相宜，若用來做書店、文具店、出版社的店號則非所宜。

店號的判斷，與姓名的判斷略有不同。卽不要取三元天地格，僅取：（一）字意義貫通；（二）陰陽配合；（三）五行配合；（四）八十一畫數吉凶（卽總畫數之吉凶）。取店號與起姓名同樣的，第一要注重意義，以吉祥利市爲佳。第二要宏亮好聽，簡捷順口，以易記易誦爲佳（卽音韻五行要配合）。第三要注重數理，除非意義甚佳，否則要避免四、九、十、十四、十九、二十、二十二、二十八、三十四、三十六、四十四、四十六、四十九、五十四、五十六、五十九、六十、六十二、六十四、六十九、七十、七十二、七十四、七十六、七十九之畫數。

可以斷言，店號之良否，關係其營業的榮枯盛衰，正如一個人的姓名，關係其命運一樣，故欲其營業大展鴻圖者，不可不加以研究。

茲就一般常見的店號，約略分爲以下幾派：

一、元老派—如慶餘堂、楊慶和、春明樓、老正興、德昌、厚德福、義利等，旨在取其吉祥利市，宏亮好聽，或伸以義爲利之意，爲各地最普遍和沿用最久者。

二、數字派—如三六九、四五六、一二三、一園、九園、大三元、三姊妹、一條龍、二福堂、雙美，皆晚近二三十年較開通人士發明，取其簡捷順口，三尺孩童亦識，用廣招徠。

三、花鳥派—素見者如：紅牡丹、五月花、水仙、百合、玫瑰、孔雀、鳳凰、青鳥、雙燕、

乃至黑貓、白熊等，新式招牌，然亦得視其所設何業，總多少有些關連才行。

四、誇張派—如大都會、萬國、九洲、五洲、環球、宇宙、第一、豪華、阿波羅等，以炫其偉大。

五、姓名派—以創業人爲招牌的，又可歸爲三類：①僅用名者，如張冠生的冠生園。②姓名同用者，如陸永和襪廠，張小泉剪刀舖。③僅冠以姓者，如趙小兒科、李外科等便是。

六、地名派—不問是何行業，愛用南京、北平、上海、羅馬、巴黎、紐約乃至第五街、大西洋者，其目的但求一個店名，實最易雷同，平淡而無意義。

七、名位派—如公爵、伯爵、總統、皇后、女皇、貴妃、太子、將軍、大王、華王、王子等，此派大都名不符實，虛有其表。

八、女星派—諸如夢露、麗華、曼華、白光等，其無意義，亦至爲明顯。

九、洋化派—外商早時尚沿我習尙，另取中外字號，如得利洋行、怡和洋行等，晚近不說洋行，卽道地的土產店，杜亦以洋化命名爲：哈囉、華盛頓、喬治、約翰、否司脫、卡爾登等，使人目迷神昏，不知所云。

十、之家派—年來以「××之家」命名者，俯拾皆是，諸如「自由之家」、「記者之家」、「西瓜之家」、「醬菜之家」，乃至於什麼「生產力中心」、「××出版中心」等，林林總總，

美不勝收，大有使人一新耳目之感。

十一、愛國派—此派範圍至廣，可任言胸中抱負：如：光復、新生、莒光、復興、光華、大華、三民、反攻、克難等等，不勝枚舉，雖易雷同，然賺錢不意愛國，表現積極，可嘉，可嘉。

(二)店鋪行號數理之選擇

流動數（武市性所屬）

7、8、17、18、23、25、31、33、37、39、47、52、67、68、81

固定數（文市性所數）

5、6、11、13、15、16、21、24、32、35、41、45、48、57、61、63、65、73

行號適用之數理

行：18、21、24、31、37、45、47

號：24、31、37、45、47、52、61

店：15、16、21、24、32、33、35

廠：47、52、61、63、67、68

珠寶：31、35、37、47、48、52、57、65

旅社：24、31、41、52、63

銀樓：37、39、47、52、54

公司：52、63、65、67、68

各業適用之數理

製造業數：17、18、23、33、48、52、63、65
技藝業數：13、33、35、38、41、17、47、52
美術業數：15、16、35、38、45、63、65
興行業數：16、21、23、39、47、52、33
花麗業數：13、23、24、33、39、41、47、67
包辦業數：3、7、13、17、23、33、37、39、48
仲介業數：13、23、25、33、39、41、47、61
古品業數：8、15、18、24、35、38、39、41、52
醫藥業數：15、16、32、37、41、47、52、61、63
食品業數：29、33、39、41、47、52、63、67
交通業數：16、21、23、39、52、65、68
教育業數：13、17、35、47、48、52、61、63
化工業數：3、13、31、41、47、52、57、65
鐵工業數：7、17、18、29、33、37、39、47、48、52
事務業數：11、24、31、32、33、35、37、47、52

國藝業數：15、16、24、35、41、48、52、63、68

加工業數：11、24、32、35、37、48、61、63、67

文業業數：13、23、24、33、37、47、52、63、68

㈢店鋪行號用字體之選擇

字形體之選擇應求其文字中字底應取自在不動的字，不可取字形長瘦無底字，左記之擧例字參照：

有字底之文字：國、益、立、星、靈、皇、玉、家、昌。

無住底之文字：年、平、帛、華、羊、斤、幸、斗、市。

有活動力文字：泰、勇、東、弘、成、光、克、飛、洲。

無行使力文字：芝、庭、祭、細、亡、罪、輕、占、石。

字體之形態擧例如上述，除此以外，一個好的店名，更要注意字義的貫通。且須含有本行的特性以吉祥利市爲首要，第二要宏亮好聽，易記易誦（卽音韻五行要配合）。可以斷言，字號之良否，關係其前途的榮枯盛衰；正如一個人的姓名，關係其命運一樣欲其事業發達者，不可不加以研究。

(四)店鋪行號方位與數理的選配

得天時取地利的言語自古就有，此言是表現日子與方向的指證，得好日子者就是得天時，迎合好的方向就是得地利，姓名學是後天性的。補助力甚大，已安定不動之所有物以後天用人爲去創造的，補助其乏點，添增其美點，是斯學以外無法創造，所謂撰號須要配合於方位可得萬全其美。茲舉例訣供以參考。

各人生肖別	煞方	生方	應用數	忌用數	主星	尅星
相虎馬狗人	座北方	東方	1 2 5 6	9、10	火	水
相猿鼠龍人	座南方	西方	7 8 1 2	3、4	水	土
相猪兎羊人	座西方	北方	9 10 3 4	7、8	木	金
相蛇雞牛人	座東方	北方	5 6 9 10	1、2	金	火

二十九、店鋪行號八十一位數吉凶批注

茲爲供選擇店號參考，將八十一數之數理暗示，列述於下：

〇一　畫　大展鴻圖，信用得固，無遠弗屆，可獲成功。（吉）
×二　畫　根基不固，搖搖欲墜，一盛一衰，勞而無功。（凶）
〇三　畫　根深蒂固，蒸蒸日上，如意吉祥，百事順遂。（吉）
×四　畫　坎坷前途，苦難折磨，非有毅力，難望成功。（凶）
〇五　畫　陰陽和合，生意興隆，名利雙收，後福重重。（吉）
〇六　畫　萬寶集門，天降幸運，立志奮發，得成大功。（吉）
〇七　畫　獨營生意，和氣致祥，排除萬難，必獲成功。（吉）
〇八　畫　努力發達，貫徹志望，不忘進退，可期成功。（吉）
×九　畫　雖抱奇才，有才無命，獨營無力，財利難望。（凶）
×十　畫　烏雲遮月，暗淡無光，空費心力，徒勞無功。（凶）

○十一畫　草木逢春，枝葉沾露，穩健着實，必得人望。（吉）
×十二畫　薄弱無力，孤立無援，外祥內苦，謀事難成。（凶）
○十三畫　天賦吉運，能得人望，善用智慧，必獲成功。（吉）
×十四畫　忍得苦難，必有後福，是成是敗，惟靠堅毅。（凶）
○十五畫　謙恭做事，外得人和，大事成功，一門興隆。（吉）
○十六畫　能獲衆望，成就大業，名利雙收，盟主四方。（吉）
○十七畫　排除萬難，有貴人助，把握時機，可得成功。（吉）
○十八畫　經商做事，順利昌隆，如能愼始，百事亨通。（吉）
×十九畫　成功雖早，愼防虧空，內外不和，障碍重重。（凶）
×二十畫　智高志大，歷盡艱難，焦心憂勞，進退兩難。（凶）
○二十一畫　先歷困苦，後得幸福，霜雪梅花，春來怒放。（吉）
×二十二畫　秋草逢霜，懷才不遇，憂愁怨苦，事不如意。（凶）
○二十三畫　旭日昇天，名顯四方，漸次進展，終成大業。（吉）
○二十四畫　錦繡前程，須靠自力，多用智謀，能奏大功。（吉）
○二十五畫　天時地利，只欠人和，講信修睦，卽可成功。（吉）

△二十六畫　波瀾起伏，千變萬化，凌駕萬難，必可成功。（凶帶吉）
△二十七畫　一成一敗，一盛一衰，惟靠謹愼，可守成功。（吉帶凶）
×二十八畫　魚臨旱地，難逃惡運，此數大凶，不如更名。（凶）
○二十九畫　如龍得雲，青雲直上，智謀奮進，才略奏功。（吉）
△三　十畫　吉凶參半，得失相伴，投機取巧，如賽一樣。（吉帶凶）
○三十一畫　此數大吉，名利雙收，漸進向上，大業成就。（吉）
○三十二畫　池中之龍，風雲際會，一躍上天，成功可望。（吉）
○三十三畫　意氣用事，人和必失，如能愼始，必可昌隆。（吉）
×三十四畫　災難不絕，難望成功，此數大凶，不如更名。（凶）
○三十五畫　中吉之數，進退保守，生意平平，成就普通。（吉）
×三十六畫　波瀾重疊，常陷窮困，動不如靜，有才無命。（凶）
○三十七畫　逢凶化吉，吉人天相，風調雨順，生意興隆。（吉）
△三十八畫　名雖可得，利則難獲，藝界發展，可望成功。（凶帶吉）
○三十九畫　雲開見月，雖有勞碌，光明坦途，指日可期。（吉）
△四　十　畫　一盛一衰，浮沉不定，知難而退，自獲天佑。（吉帶凶）

○四十一畫　天賦吉運，德望兼備，繼續努力，前途無限。（吉）
△四十二畫　事業不專，十九不成，專心進取，可望成功。（吉帶凶）
△四十三畫　雨夜之花，外祥內苦，忍耐自重，轉凶爲吉。（吉帶凶）
×四十四畫　雖用心計，事難遂願，貪功好進，必招失敗。（凶）
○四十五畫　楊柳遇春，綠葉發枝，冲破難關，一舉成名。（吉）
×四十六畫　坎坷不平，艱難重重，若無耐心，難望有成。（凶）
○四十七畫　有貴人助，可成大業，雖遇不幸，浮沉不大。（吉）
○四十八畫　美花豐實，鶴立雞群，名利俱全，繁榮富貴。（吉）
×四十九畫　遇吉則吉，遇凶則凶，惟靠謹愼，逢凶化吉。（凶）
△五　十　畫　吉凶互見，一成一敗，凶中帶吉，吉中帶凶。（吉帶凶）
△五十一畫　一盛一衰，浮沉不常，自重自處，可保平安。（吉帶凶）
○五十二畫　草木逢春，雨過天晴，渡過難關，卽獲成功。（吉）
△五十三畫　盛衰參半，外祥內苦，先吉後凶，先凶後吉。（吉帶凶）
×五十四畫　雖傾全力，難望成功，此數大凶，最好改名。（凶）
△五十五畫　外觀隆昌，內隱禍患，克服難關，開出泰運。（吉帶凶）

×五十六畫　事與願違，終難成功，欲速不達，有始無終。（凶）
△五十七畫　雖有困難，時來運轉，曠野枯草，春來花開。（凶帶吉）
△五十八畫　半凶半吉，浮沉多端，始凶終吉，能保成功。（凶帶吉）
×五十九畫　遇事猶疑，難望成事，大刀濶斧，始可有成。（凶）
×六　十　畫　黑暗無光，心迷意亂，出爾反爾，難定方針。（凶）
△六十一畫　雲遮半月，內隱風波，應自謹愼，始保平安。（吉帶凶）
×六十二畫　煩悶懊惱，事業難展，自防災禍，始免困境。（凶）
○六十三畫　萬物化育，繁榮之象，專心一意，必能成功。（吉）
×六十四畫　見異思遷，十九不成，徒勞無功，不如更名。（凶）
○六十五畫　吉運自來，能享盛名，把握機會，必獲成功。（吉）
×六十六畫　黑夜漫長，進退維谷，內外不和，信用缺乏。（凶）
○六十七畫　獨營事業，事事如意，功成名就，富貴自來。（吉）
○六十八畫　思慮周祥，計劃力行，不失先機，可望成功。（吉）
×六十九畫　動搖不安，常陷逆境，不得時運，難得利潤。（凶）
×七　十　畫　慘淡經營，難免貧困，此數不吉，最好改名。（凶）

△七十一畫　吉凶參半，惟賴勇氣，貫徹力行，始可成功。（吉帶凶）
×七十二畫　利害混集，凶多吉少，得而復失，難以安順。（凶）
○七十三畫　安樂自來，自然吉祥，力行不懈，終必成功。（吉）
×七十四畫　利不及費，坐食山空，如無智謀，難望成功。（凶）
△七十五畫　吉中帶凶，欲速不達，進不如守，可保安祥。（吉帶凶）
×七十六畫　此數大凶，破產之象，宜速改名，以避厄運。（凶）
△七十七畫　先苦後甘，先甘後苦，如能守成，不致失敗。（吉帶凶）
△七十八畫　有得有失，華而不實，須防刼財，始保安順。（吉帶凶）
×七十九畫　如走夜路，前途無光，希望不大，勞而無功。（凶）
△八　十　畫　得而復失，枉費心機，守成無貪，可保安穩。（吉帶凶）
○八十一畫　最極之數，還本歸元，能得繁榮，發達成功。（吉）

三十、店鋪行號吉凶成敗之數理

姓名學之數理威力，字義之靈動，並非僅限於姓名一項，其他如舖號、廠號、公司號、船舶號、生產成品號、甚至電話號、車牌號，坐位號等等，舉凡宇宙間所有萬物之號，皆受數理之推動，進而影響其安危、信用、銷路、經營、名譽種種之榮枯成敗。

選擇字號不可偏重一方，必須字形、字義、音韻、數理兼而顧之，同時參照「各業適用之數理」及「店號八十一數吉凶釋意」，可保萬全不失矣。

茲學各業成功之實例，並附失敗倒閉之字號，以供比較參考。

㈠成功發展之行號實例

大	3
同	6
製	14
鋼	16
機	16
械	11
股	10
份	6
有	6
限	14
公	4
司	5

111

吉數

智勇名利

該公司設在台北市中山區歷史悠久，全省屈指有數資本數億之大工廠，生產各種機械，電冰箱、電扇、電鍋，尚且附設大同中學可稱實業界之霸王，查該公司名號一一一數，智仁勇俱備，意志堅固，千挫不屈，地步確實，可成大志，能就大業之運格，統衆人，博得名譽，繁榮富貴之力強運格。

臺灣水泥股份有限公司

14 26 4 9 10 6 6 14 4 5

98 數吉　百事亨通

該公司布設全省，歷史最早資本數億，全省唯一大工廠，其生產外銷內銷，業界之冠，查公司名號，九八數成功發展，有權力智謀事業廣進，財源豐裕博得名利吉祥富榮也。

遠東紡織股份有限公司

17 8 10 18 10 6 6 14 4 5

98 數吉　成功發展

該公司設在台北市附近，資本億萬全省綿織界，屈指有數大工廠，其生產布料有外銷內銷規模宏大，查該公司名號九八號成功又發展，與台灣水泥，數理相同，事業廣大財利豐裕富榮之吉數也。

旭光牌日光燈股份有限公司

6 6 14 4 6 6 10 6 6 14 4 5

吉數 87 精悍吉祥

該公司設在台北，工廠在新竹其產品廣銷全省，老牌子人人愛用，日光燈界之霸王，其名號七數，純陽獨秀智慧纔明，制勝物事財源廣進吉祥繁榮之運格也。

國泰產物保險股份有限公司

11 10 11 8 9 19 10 6 6 14 4 5

吉數113 旭日東昇

該公司設在台北公園前全省分佈展業處，對保險業務辦得非常成功，在金融界堪稱後起之秀，其名號一一三數。雖是由小成大然才略出將，富活動力，其成功勢如破竹，名聞全省之吉祥運也。

林商號合板股份有限公司

8 11 13 6 8 10 6 6 14 4 5

吉數 91 草木逢春

該公司設在台北，合板業之霸王其產品三夾板，廣銷內外資本數億，其名號九一數享天賦之

幸福，萬事榮通，財利豐裕，得人望大成功之運格也。

東雲閣大酒家

8 12 14 3 10 10

57

數吉　春來花開

該酒家在台北，延平北路規模唯一設備堂皇大酒家，經營生意興隆其名號五七號，春來花開，福祿圓滿萬商雲集財如雨露富榮通達之吉運也。

希爾頓大飯店

7 14 13 3 13 8

68

數吉　克集衆望

該店設在台北市忠孝西路，富麗堂皇嘉賓滿座，希爾頓大飯店，其名號六八數克集衆望。福祿壽長，財帛豐富，順和惠澤重乃貴重吉運也。

欣欣大衆市場股份有限公司

8 8 3 15 5 12 10 6 6 14 4 5

96

數吉　名利雙收

該公司設於台北鬧區，是百貨公司之先鋒，生意與隆，其名號九六數，才智齊備，商利榮達

，仍名利雙收之運格。

黑松汽水	
黑	12
松	8
汽	8
水	4
吉數	32

幸福多望之格，業務廣大，財帛豐裕，名揚全省，家門隆昌，富榮之吉數也。

大同電扇	
大	3
同	6
電	13
扇	10
吉數	32

如右記同數，名揚全省，富榮之吉數也。

(二)失敗倒閉行號之實例

金瑞山銀樓	
金	8
瑞	14
山	3
銀	14
樓	15
凶數	54

再興銀樓	
再	6
興	15
銀	14
樓	15
凶數	50

益記銀樓	
益	10
記	10
銀	14
樓	14
凶數	40

善莊銀樓	
善	12
莊	13
銀	14
樓	15
凶數	54

右者北市四大銀樓，四十一年七月十二日以公衆委托黃金，意圖私利致擾亂金融之罪，店東被判十五年、十二年、十年徒刑，並被沒收財產，查四大銀樓數理五十數、四十九數、五十四數，等皆屬凶數終於難逃傾家蕩產之災禍也。

金隆美爆竹工廠

76 傾覆離數

右者五十七年八月四日因突然發生爆炸，致死傷及燒燬房屋，不計其數，乃凶數之使然也。

興吉成一號

42 黑暗慘憺

右者屏東漁船於五十七年三月十一日在西沙群島捕魚時被不明國籍巨船，撞沉海底。

晉興花爆製造工廠

10 15 10 19 14 14 3 15

100 大凶

上者五十二年九月廿七日發生爆炸慘案，造成死亡先後四十一人重傷數十人其悲慘創光復來最高凶禍，查廠號數理，破裂之凶數，有短命非業之災禍致遭慘死者數之凶變也。

合興爆竹工廠

6 15 19 6 3 15

64 凶

上記四六年二月八日突然間發生爆炸毀滅廠房三間，工友死亡四名，其六四數乃骨肉分離之數也。

三十一、撰名須知

依據前面所述對於數理、五行、陰陽、三才配置、五格、字義、字形等條件要撰一個名字，不但初學者，就是老於此學的，也是困難的問題。我們囘憶過去大富、大貴的人，查其命與名並不是十全十美，而其家庭、妻人、子女、身體，一生亦自無十全十美的可能。縱使在物質上多能受着最高的享受，但在精神上或某一方面，也許穩藏著無限的痛苦哀愁。因爲人生必是嘗有喜、怒、哀、樂、苦、甘、酸、甜的滋味，必須有起落不平的險路，才有人生的價値。如果失去了上項各種的滋味，沒有險隔的路途，那麼其人生平平凡凡，就無有顯耀之處。亦就沒有顯著的色彩與光耀的一面。登峯造極，是由崎嶇的險路而達到的。

所以在撰名方面不能拘執於小節，第一、配合先天八字、看先天八字如何？而作尅某一格亦無妨，（比如有人年已三十歲已行過基礎運，如先天八字基礎穩固，那麼姓名人格有尅地格，亦即已無碍）在子平五言獨步一篇所說：「有病方爲貴，無傷不須奇」，可見撰一個足夠十全十美的名字，其靈動並不是全面的有躍進的現象，而雖然全面的向好，一面徐徐而進（無擊不動，故

靜態就無進步的可能，這是物理的性質），以致反爲平凡而失去富貴、奇妙。

第二、必須取字義，名字到底是由文字而組成。如雙字名，就應該有一貫的意義，不可上字向東，下字走西，發生各背道而行，分裂了名字的意義，成不倫不類的名字，因之產生不良好之果。過去許多姓名學權威，代人改名。申請到主辦官員手裏，被以「原名意義，並無粗俗欠雅，不合於改名，故所請未便照准」而遭到駁回。

據於上述情形，撰名必須具有深澈命理學爲前提，第二似宜有國文基礎來配合，根據姓名學來撰名方能取捨撰用。如果對命理學沒有研究，最好先請教深研命理學之士，先作一個判斷後，做爲撰名的依據較爲妥善。

三十二、姓名的字義與字形

一、字義

㈠不可用太俚俗的字：本名和乳名不同。乳名使用時間短，為了稱呼方便，為了討個吉利，勿須顧慮太多。本名則要用一輩子，選字不可不愼重。如果所用的字太俚俗，很容易給人第一印象，就認為是一位沒有學問的人；要經過很長時間，才能改變過來。所以為孩子命名，一定要愼重選擇，更不可用乳名代替本名。本省有一些民意代表或地方首長，在光復初期，用乳名代替本名，延用下來，每每會被人當作取笑資料，其實那些人中，有好多是大學畢業，學問都不錯的。前幾年，政府公佈更正不雅乳名的法令，便是為補救此一缺陷。

㈡不要起太洋化的名字：有些時髦的父母，喜歡為子女起一些外國名字，如亨利、約翰、瑪莉、裘麗等等。這本無可厚非，但當這些使用洋化名字的孩子長大了，人我交往之際，便可能使對方發生不愉快的心理。

㈢不要用太冷僻的字：我國文字數量浩繁，總計可能有幾萬個。教育部在民國二十一年核定常用字六千七百八十八個，普通人能認識的，也不過四五千個字。有些人取名字，喜歡在字典中找不常見的字，這是極不妥當的。當一個人對另外一個人的名字讀不出來時，首先便有一種不愉快的感覺。爲了不給別人一個不好的第一印象，取名自以常用字爲宜。

二、字形

㈠不宜用筆畫太多的字：我們中國字，從一畫的到二三十畫，常用字也有六千多個。筆畫多的字，寫起來不方便。如果一位小學生，一開始上學，便要他寫幾十畫的名字，不但對他是一項沉重的負擔，而且會連帶的使他對寫字感覺麻煩頭痛。就成年人來說，名字筆畫太多，也是有弊無利。所以爲孩子選擇名字，筆畫以簡單爲佳，最好不超十五畫，十畫以下更好。

㈡三個字的部首偏旁避免完全相同：三個字的名字，如果部首林棟材、何健仁、鄭邦郎等就有這樣情形。

㈢文字有肥瘦長短、強弱虛實之分，略舉於下，僅供參考：

肥：施、圓、濃、健、豐、滿、賜、協、廟、態、備。

行動較笨重，缺乏機智但平穩。

瘦：七、小、干、卜、子、于、卡、千。

　雖有活動力，但本體較弱小。

長：中、早、芥、申、奇、年、平、衣、辛、竹。

　能伸不能屈，知進不能退，缺乏忍耐力。

短：四、丑、士、正、世、企、田、土、丘、生、女。

　毅力強，然社交人緣不佳，難遇貴人扶持。

強：奮、成、泰、威、光、飛、武、猛。

　好動，易熱易冷，擅外交，果斷。

弱：念、意、夢、媛、苗、花、姿。

　被動，欠決斷。

虛：幽、亢、巳、門、口、空。

　缺目標，無適從，難達志望。

實：國、福、昌、室、宜、鳳、凰、尊。

　穩定，但較保守，勤儉稍頑固。

　字形的選擇不能拘執，應配先天命格如何而定，如八字過剛則取柔弱制之，反之先天八字過

弱，則取「強」亦「肥」來助之，餘類推卽可。

三十三、姓名的音韻

㈠姓和名的聲母韻母，避免相同：聲母是一個字開始讀的時候口形所發的聲，譬如「汪」是由「烏」（ㄨ）和「昂」（ㄤ）兩個字所排成（爲了大家都明瞭，這裏未用注音符號），「烏」是聲母，「昂」是韻母。假如一個人名汪文威，這個名字的字都很好，但是讀起來不夠響亮。另一個人叫包伯邦，也犯了同樣的毛病。如果把兩個名字互換一個字，改成汪伯威和包文邦，或改爲汪文邦和包伯威，便動聽得多了。所以，相鄰兩字的聲母要避免相同。至於韻母，也同樣要注意，避免三字相同。例如顧叔武和閻炎賢兩個名字，便犯了這個毛病，如果交換一下改成顧炎武和閻叔賢，就動聽多了。

㈡姓名的字音，避免與不雅詞句諧音：有些人的名字，看起來很文雅，但是讀起來由於字音和另外一個詞句類似，便容易引起人的嘲謔，尤其在中小學時代。譬如魏陽、韓淵、史詩、杜子達，看起來都是很好的名字，但是很容易在口音裡讀成餵羊、喊冤、死屍、肚子大等，假如把這幾個名字交換一下，改成魏詩、韓達、史淵、杜子陽，便都很好聽了。

㈢姓名的「四聲」，避免相同：四聲是一個字讀音的腔調，也就是平、上、去、入。爲了使姓名的讀音響亮好聽，姓名幾個字的音調，不可完全相同。舉例來說：柳景選三字都是上聲，便不如柳敬宣好聽。張書襄都是陰平，不如張叔向好聽。紀仲憲都是去聲，不如紀忠賢好聽。

三十四、五音分法捷訣（普通話爲準）

ㄅㄆㄇㄈㄨㄩ（唇音）　屬水性

ㄍ、ㄎ、ㄏ（牙音）　屬木性

ㄉ、ㄊ、ㄋ、ㄌ、ㄐ、ㄑ（舌音）　屬火性

ㄒ、ㄓ、ㄔ、ㄕ、ㄖ、ㄗ、ㄘ、ㄙ、ㄧ（齒音）　屬金性

ㄚ、ㄛ、ㄜ、ㄝ、ㄞ、ㄟ、ㄠ、ㄡ、ㄢ、ㄣ、ㄤ、ㄥ、ㄦ（喉音）　屬土性

三十五、姓名標準畫數字典

右・台音五行
左・國音五行

一畫之部

一 土　乙 土

二畫之部

二 土火　乃 火　了 火　人 火金　入 金火
刀 火　力 火　匕 水金　卜 水　又 土
几 火水　丁 火

三畫之部

三 金　下 金水　上 金　万 土水　个 木土
丸 土　久 火木　乞 金木　也 土　于 土
亡 土水　凡 水　刃 金　千 金　丈 火
口 木　土 火　士 金　夕 金　大 火
女 火　子 火金　寸 金　小 金　山 金
川 金　工 木　己 火木　已 火金　巳 火金
巾 火木　干 木　弓 木

四畫之部

四 金　丑 火　不 水　中 火　丹 火
之 火　予 土　云 土　互 水　井 火金
亢 木　介 火木　仇 火金　今 火木　付 金
仁 金　允 土　元 土木　內 火　公 木
切 金　分 水　勿 水　化 水　匹 水
午 土木　升 金　卡 木　友 土　及 火木
收 金　反 水　壬 金　太 火　天 火
夫 水　孔 木　少 金　尤 土　尹 土
屯 火　巴 水　幻 水　引 土　弔 火
心 金　戶 水　户 水　手 金　支 火
文 土水　斗 火　斤 火木　方 水　旡 土水
日 金火　曰 土　月 土木　木 水　欠 火木

止 火金
比 水
毛 水
氏 金
气 金木
水 金
火 水
爪 木
父 水
片 水
牙 土
牛 土
犬 金木
与 土

五畫之部

五 土木
丘 金木
且 金
世 金
丕 水
丙 水
主 金
井 火
以 土
仔 火土
仕 金
仙 金
他 火
代 火
仗 木
令 火
兄 金水
充 金
冬 火
出 金
加 火木
功 木
包 水
北 水
半 水
占 金
卯 水
右 土
可 木
句 木
叶 水
古 木
司 金
史 金
只 火
台 火
召 火
外 土
央 土
本 水
尻 木金
尼 火
巧 木
巨 火木
左 金
市 金
布 水
平 水
幼 土
弁 水
弘 水
弗 水
必 水
戊 土水
扎 金
旦 火
札 金
末 水
未 土水
本 水
正 火金
母 水
民 水
永 土
玄 水
玉 土木
瓜 木
瓦 土
甘 木
生 金
用 土
田 火
由 土
甲 火木
申 金
疋 水
白 水
皮 水
皿 水
目 水
矛 水金
矢 金
石 金
示 金
禾 水
穴 水
立 火

六畫之部

六 火
丞 金水
亙 木水
亘 木金
交 火木
伊 土
价 火木
伉 木
企 金木
伎 火木
休 金水
仰 土木
伍 土木
任 金
仲 金火
伏 水
伢 土
兇 金水
光 木
先 金
兆 火
全 金
共 木
再 金
冲 金
刑 金水
列 火
劦 土
劣 火
匡 木土
匠 火木
印 土
各 木
合 水
吉 火木
向 金水
后 水
吐 火
同 火
名 水
史 火水
因 土
回 水
圭 水
在 金
地 火
夙 金
多 火
好 水
如 金

妃 水
宇 金火
存 金
安 土
字 土
守 金
宅 火
寺 金
屹 土木
州 火
帆 水
年 火
庄 金
式 金
戌 金
亥 水
戎 金木
打 火
收 金
旭 金水
早 金
旨 火
旬 金
曳 土金
曲 金木
有 土
机 木
朱 火
朵 火
次 金
此 金
死 金
求 金木
汀 火
灰 水
灯 火
牝 水
牟 水火
百 水
礼 火
竹 火
米 水
糸 金
羊 土
羽 土
老 火
考 木
而 土金
耳 土火
肉 金火
臣 金
自 火金
至 火
臼 火木
舌 火

舟 火
艮 火
色 金
虫 金火
血 水
行 水
衣 土
西 金

七畫之部

七 金
串 金水
況 金水
些 金
亨 水
位 土
佑 土
佚 土
何 水
估 木
佐 金
作 火金
伺 金
伸 金
住 火金
低 火
佃 火
伯 水
伴 水
佛 水
体 火
余 土
伶 火
克 木
兌 火
兎 火
免 水
兵 水
冶 土
冷 火
初 金
判 水
別 水
利 火
劫 火木
助 火金
努 火
告 木
吟 土木
君 火木

吾 土木
吳 土木
吹 金
呈 金火
吞 火
呂 火
国 木
坑 木
均 火木
坐 金
坊 水木
坂 水
壯 金
声 金
妓 火木
妙 水
孝 金水
宏 水
完 土
宋 金
局 火木
尾 土水
岐 火木
岑 金木
巫 土水
希 金水
床 金
序 金
延 土
廷 火
弄 火
弟 火
形 金水
役 土
志 火金
忍 金
忖 金
忘 水
忙 水
我 土木
戒 木
成 金
托 火
攸 金
改 木
攻 木
斈 金水
旱 水木
更 木
杆 木
杏 金水
材 金
杉 金
束 金
村 金

杖火 杜火 呆火水 李火 步水
每水 江金木 汗水 汝火 汐金
池火 汎水 灸火 玎火 甫水
男火 町火 私水 秀金 禿土
究火木 良火 見火木 角火木 言土木
谷木 豆火 貝水 赤金 足火
身金 車木 辰金 邑土金 酉土
里火

八畫之部

八水 並水 乳火 事金 享金木
京火木 依土 侑土 佳火木 佼火木

侃木 信火木 供木 侍金火 使金
侈金 佻火 佩水 來火 例火
兒土金 免火 兩火 其火木 具火木
典火 冒水 冽火 函水 刻木
刷金 刹金 刺金 制火 到火
効金水 協金土 卒火 卓火 卦木
卷木 取金 受金 叔金 和水
周火 味土水 命水 固木 坤土
垂金 坦火水 坡水 坪水 夜土
奇火木 奈火 奉水 姑木 始金
姉火 姓金 妻金 妾金火 妹水

季木 孤木 孟水 宜土木 官木
宗火金 宙火 定火 宕火 尚金
居火木 岡木 岳土木 岸土木 岩土木
岱火 帖火 帑水 帛水 幸金水
庚木 底火 店火 府水 弦水
弩火 弥水火 征火 徂金 彼水
往土 快木 忽水 忠火 念火
或水 戔金 所金 房水 技木
承金 折金 扶水 宓水火 政火
放水 斉金 斧水 於土 易土
昂土木 昏水 昆木 昌金 昇金

昔金　旻水　明水　旺土　服水
朋水　杭水　果木　枝火木　杵火
松金　杻火　東火　杷水　杯水
枚水　板水　林火　欣金水　岐火木
武土水　汲金　決火木　沙金　汰火
沖金　沛水　沐水　沃土　汪土
炎土　炊金　版水　物土水　牧水
狃火　玖火木　的火　直火　盲水
知火　祀金　社金　穹木　空木
竺火　糾火木　肌木　肋火　臥土木
舍金　虎水　采金　金火木　長火

門水　阜水火　雨土　青金

九畫之部

九火木　亭火　亮火　俋土　俄土木
係水　俠金木　侯水　侵金　信金
俊火　促金　俗金　保水　便水
侶火　俤火　俞土金　冒水　冠木
剋木　削金　前火　則金火　勁火木
勅火　勉水　勃水　勇土　南火
厚水　叙金　咢木　咸金水　哄水
哉火金　咲土　品水　囿木　垣土水
垠土　型金水　奎木　契木　奏金

威土　姻土　姬火木　姜金木　姸土木
姿火　姥水火　客木　室金　宣金
屋土　峙火金　峠木　巷水　帝火
幽土水　度火　廻木　建火木　彥土木
後水　待火　律火　怡火土　急火木
思金　性金　怜火　招金　拓火
折火　拜水　抱水　怕水　拇水
故木　施金　映土　昨金　是水
昶金　春金　星金　昭火　昧水
柚土火　架火木　柯木　枵木火　柑木
枸木　枯木　查金　柴金　柵火水

柔（金）柘（火金）柊（火）染（金火）柝（火）
韋（土）柱（火）柏（水）柄（水）柳（火）
段（火）油（土）泳（土）沿（土）河（水）
況（木水）注（火金）沼（火）泉（金）泰（火）
治（火）波（水）泡（水）泊（水）法（水）
冷（火）矩（木）炫（水）炭（火）炳（水）
狐（水）狗（木）姚（土）俅（木）帥（金）
玩（土）甚（金）畏（土）界（火木）烟（火）
癸（木）皆（火木）皇（水）盈（土）盃（水）
盆（水）看（木）相（金）省（金）眉（水）
眇（水）砂（金）祈（火木）砥（火）科（木）

秋（金）秒（水）穿（金）突（火）竿（木）
籾（金）糺（火木）紅（水）紂（火）約（土）
罕（水）美（水）耐（金）耶（土）肝（木）
肖（金）肘（火）肚（火）致（火）芋（土）
芍（金）芒（水）虹（水木）衍（土木）表（水）
要（土）計（火木）訂（火）貞（火）軍（火木）
酋（金土）重（火）門（水金）面（水）革（木）
音（土）風（水）飛（水）食（金火）首（金）
香（金水）羿（土木）

十畫之部

十（金）乘（金）倚（土木）倖（金水）倨（火木）

俱（火木）候（水）倥（木）倉（金）修（金）
借（火金）倒（火）倓（火）倬（火）值（火）
倜（火）俳（水）倍（水）倣（水）俯（水）
俵（水）俸（水）倫（火）倭（土）党（火）
兼（木）冤（水）冥（水）剛（木）剖（水）
原（土木）員（土）哥（木）唐（火）哲（火）
圃（水）城（金）埋（水）夏（金水）娥（土木）
娑（水）孫（金）宴（土）家（火木）宮（木）
宰（火金）容（金土）射（金）展（火）峨（土木）
峽（金木）峻（火）島（火）峯（水）峰（水）
巡（金）差（金）師（金）席（金）庫（木）

釗 火金	栓 金	根 木	案 土	時 金	旁 水	拾 金	恙 土	恤 金	徒 火	座 金
殊 火金	桃 火	栽 金	校 金水	晉 火	旅 火	持 金	扇 金	恂 金	恩 土	庭 火
殉 金	株 火	桑 金	格 木	書 金	晏 土	效 水	挌 火	恕 金火	恭 木	弱 金
殷 土	桐 火	桎 火金	桓 水	朔 金	晃 水	料 火	拳 火木	息 金	恢 水	徑 火木
氣 木	栗 火	栖 金	桂 木	朕 火	晈 火木	旆 水	指 火	恬 火	恆 水	徐 金

窈 土	称 金	祚 金	祠 金	砥 火	倪 土木	珍 火	烈 火	流 火	洗 金	活 水土
竝 水	租 火金	秘 水	神 金	砧 火	益 土	玲 火	特 火	洌 火	洞 火	洪 水土
竜 火	秩 火	祓 水	祝 火	破 水	眞 火	畜 金火	狩 金	烏 土火	派 水	洒 金
笄 木	秣 水	秦 金火	崇 金	砲 水	眠 水	畔 水	珂 土	烘 水	洋 土	洲 火
笈 水	秘 水	秤 水	祖 火金	祜 土	矩 火木	畝 水	珊 金	烝 火金	洛 火	津 火

衾 金木	芙 水	芹 火木	航 水	肱 木	育 土	耘 土	紋 水	素 金	級 火木	笏 水
衽 金火	芬 金木	花 水	舫 水	肺 水	肴 土木	耕 木	缺 火木	納 火	紘 水	笊 火
衲 火	蚊 土水	芫 土木	般 水	肥 水	肩 火木	耗 水	翁 土	紐 火	紗 金	笑 金
衷 火	袁 土	芝 火	芽 土木	臬 水	股 木	耿 火木	者 火金	紡 水	紙 火金	粉 水
袂 火水	衿 火木	芳 水	芥 火木	臭 金水	肯 火	耽 火	耄 火	紛 水	純 金	紜 水

記 火木　訓 金水　討 火　託 火　豹 水
貢 木　財 金　起 木　軒 金土　酒 火
酌 火　配 水　針 火　釘 火　釜 水
閃 金　隼 火金　馬 水　骨 木　高 木
鬼 木　虔 金木

十一畫之部

乾 木　偉 土　偕 火木　健 火木　偶 土木
偲 金　側 火金　停 火　偵 火　麻 水
凰 水　剩 金　副 水　勘 木　勖 金火
勗 金木　動 火　務 土水　區 火木　卿 金木
參 金　唯 土金　啓 金木　商 金　唱 金

啄 火　問 土金　國 木　基 木　堅 火木
堀 火木　執 金火　堂 火　培 水　埜 土木
壺 水土　婚 水　婆 水　婦 水　寅 土
寄 金木　宿 金　寂 火金　密 水　尉 土
尋 金　將 火金　專 火金　崎 金木　崖 土木
崔 金木　崇 金　巢 金　常 金　帶 火
庵 土　康 木　庶 火　庸 土　強 金木
張 火　彗 水木　彩 金　彫 火　彪 水
彬 水　御 土木　從 金　得 火　徘 水
徠 火　悠 金土　悅 土　悍 水　悟 土木
悉 金　悌 火　戚 金　振 火　挺 火

捕 水　教 火木　救 火木　敍 金　敕 火
敗 水　敏 水　斌 水　斛 火水　斜 金
旌 金　旋 金　族 火金　旣 火木　晤 木水
晦 水　晤 火木　晨 金　晝 火土　晚 土水
曹 火金　望 土水　朗 火　械 火木　梗 木
梧 土木　梓 金　梢 金　梯 火　條 火
梅 水　梶 水　梨 火　梁 火　欸 木
欷 金水　欲 土　毫 水　毬 火木　海 水
浩 水木　浚 火　涉 金　浮 水　浦 水
涌 土　浴 土　浪 火　烽 水　爽 金
犀 金　狭 金木　狷 火木　狼 火　貍 火

率 火金　珠 火　班 水　瓶 水　產 金
畦 土　略 火　皎 火木　盡 火　眼 土木
眷 火木　眺 火土　眸 水　研 土木　祭 火
祥 金　移 土　窓 金　窕 金火　竟 火木
章 火　笙 金　笥 金　笞 火　第 火
笛 火　符 水　笠 火　粗 金　粕 水
粒 火　紺 火　紘 水　細 金　紫 火
紳 金　終 火　紹 火金　組 火金　紬 金
絆 水　累 火　罠 水　羞 金　習 金
翊 木　翌 土　者 火　聊 火　胃 土
胡 水土　胎 火　背 水　胚 水　胞 水

胖 水　舷 水　船 金　舶 水　英 土
苑 土　苽 木　若 金　苫 火　苔 火
苧 火土　茅 水　范 水　苹 水　苗 水
茂 水土　處 金　蛉 火　術 金　袈 火木
袖 金火　袋 火　袢 水　規 木　許 金木
設 金　訪 水　豚 火　貨 水　貫 木
責 火金　販 水　赦 水金　近 火木　那 火
醉 火金　野 土　釣 火木　閉 水　雀 金
雪 金　頃 金木　頂 火　魚 土水　鳥 火
鹿 火　麥 水

十二畫之部

傑 火木　備 水　傅 水　凱 木　剴 木
割 木　創 金　勝 金　勞 火　博 水
喜 金水　喬 火木　善 金　單 火　喻 土金
喨 火　圍 土　堪 木　堯 土木　場 火
堤 火　報 水　堡 水　奠 火　媒 水
媚 水　寒 水　寓 土木　富 水　尋 金火
尊 火金　嵒 木　嵎 土木　嵐 火　黍 金
巽 火金　幄 土　帽 水　幾 火木　强 金木
弼 水　復 水　惟 土　惠 水　情 金火
惚 金　惇 火金　扉 水　掬 火木　掘 火木
掛 木　捲 火木　掃 金　捨 金　掌 金

授金 捷火金 探火 捧水 敢木
散金 敝水 敦火 斑水 斐水
斯金 景火木 晶火 晴金 晰金水
智火 普水 最火金 曾火 替火
期金木 朝金火 棊火木 棍木 棧火金
森金 植火金 棱火 棠火 棹火
椎火 棟火 棚水 黑水 棉水
椀土 欺金木 欽金木 款木 殘金
殖火金 殼木 游土 淵土 涯土木
涵水 混木 深金 淑金 淳金
清金 淨火金 淺金 淘火 淡火

添火 淀火 涼火 焰火 然金
無土水 爲土 梨火 猛水 球金木
現金水 琇金 理火 琉火 甥金
畫水土 番水 留火 疎金 登火
發水 皓木 盛金 盜火 睎金水
短火 硬土木 硯土水 稀金木 稍金
稅金 程火 窘金木 窗金 竣火
童火 筋火木 筐木 筈木 策金
筍金 答火 筑火 筒火 等火
筆水 筏水 粧火金 粟金火 絞火木
給木 絓木 絜火木 絢金 絝木

絲金 絮金 絕火金 統火 絡火
翔金土 翕土 胸金水 脅金水 脇金水
脂火金 脊火水 胴火 能火 脈水
舒金火 舜金 荒水 草金 荏金
荀水 茸金 茜金 荐火 茶火
茫水 蛙土 蛤水木 蛬水 衆火金
街火木 袿木 袴木 裁金 視金
觚木 詞金 証火金 詔火 註火金
評水 象金 賀水 貴木 貯火
貼火 買水 賁水 貿水 越土水
超火 躰火 軫火 軸金火 廸火

迫 水　貳 土火　邸 火　量 火　鈞 火木
鈔 金　開 木　閒 金水　間 火木　閑 金水
閏 火　閔 土水　阪 水　雄 金水　雅 土木
雁 土木　集 火　雲 土水　項 金水　須 金
順 金　颪 火　黃 水木

十三畫之部

僅 火木　傾 金木　債 火金　催 金　傷 金
僊 金　傳 火　傭 土　勤 金木　剿 金
勢 金　募 水　勠 火金　嗣 金　圓 土
園 土　塊 木　塘 火　塚 火　奧 土
媪 土　嫁 火木　嵯 金　幹 木　廊 火

廉 火　彙 火　徵 土水　愛 土　意 土
憚 火　愕 火木　感 木　愚 土木　惶 水
想 金　愉 土金　愈 土金　揖 火土　援 土
揮 水　揄 金　揚 土　敬 火木　斟 火
新 金　暗 土　暈 土水　暇 金木　暉 水
暄 金　暑 金　暖 火　會 水　極 火木
業 土木　楢 金土　楫 火金　楚 金　椿 火金
楠 火　楓 水　椰 土　楊 土　榆 土金
歲 金　殿 火　渥 土　游 土　溫 土
港 木　渠 火木　湖 水土　渾 水　湘 金
渚 火金　測 金　湊 火　湯 火　湛 火木

渡 火　湃 火　渺 水　煙 土　煇 水
熙 金水　煌 水　煥 水　照 火　煎 火
煤 水　煉 火　爺 土　猷 土　猶 土
猪 火金　猫 火　琴 金木　琥 水　琢 火
琶 水　琵 水　琳 火　當 火　盟 水
睚 木　睨 土木　睧 水　睡 金　督 火
睦 土水　矮 土　碇 火　碑 水　碗 土
禁 火木　祿 火　禽 金木　稔 火　稚 火
稗 水　稜 火　窟 火木　竪 金木　筵 土
筮 土金　粳 木　粮 火　經 火木　絹 火木
義 土木　羣 金木　群 金木　羨 金　聖 金

聘 水
肆 金
肅 金
脚 火木
脛 火木
脩 金
脣 火
脫 火
雍 土
舅 火木
荷 水
莖 火木
莞 土
莊 火
荻 火
莓 水
莫 水
號 水
虞 土火
蛾 土
蛸 金
蜀 金火
蜂 火
衙 土
裾 木
裟 金
裝 金
補 水
裕 土金
裏 火
解 火木
詠 土
誇 木
詒 火
詣 火
詩 金
試 金
詢 金
詮 金
詹 火
豊 水
資 火
跡 火
跳 火
路 火
載 火
農 火
退 火
迺 火
郁 土水
郊 火水
酪 水
鉛 金土
鉞 金
鉅 火木

鉉 金水
鉦 火
鉄 火
鈿 火
鉢 水
鈴 火
阿 土
附 水
雌 金
雉 火
電 火
雷 火
靖 火
韮 水
頌 金
頓 火
頒 水
預 土
飲 土
飭 金火
飯 水
馴 金
馳 金火
鳩 金木
鼎 火
鼓 木
鼠 金

十四畫之部

兢 火木
嘉 火木
嘗 金
團 火
圖 火
境 火木
塾 金
壽 金
夢 水
獎 火金
嫗 土
嫡 火
察 金
實 金
對 火
僖 金水
僞 土木
僑 金木
僥 金
像 金

僭 火
僧 火
僮 火
僕 水木
僚 火
嶄 金
廓 火木
彰 火
愿 土木
慈 金火
愼 金
愬 金
態 火
搖 土
損 金
搦 火
搏 水
搬 水
旗 金木
暢 火
暝 水
榮 金土
榎 水
槐 木
構 木
槍 金
槙 火
榧 水
榔 火
歌 木
溢 土
溫 土
溪 金木
源 土木
溝 木
滋 金
準 火
溶 金土
熊 金水
熒 土
爾 土火
犒 木
猿 土水
獄 土木
獅 金
瑚 水土
瑟 水金
瑞 金
鼓 木
監 火木
盡 火
廖 火
碩 金木
碧 水
禊 木

禎火 福水 種金 稱金 窪土
竭火木 端火 箇木 箕火木 管木
箝金木 箏火 算金 箒金 箋火金
箔水 箙水 粹火 精火 粽金
綱木 綺火木 緊火木 綽火金 綬金
綜金 網水 緋水 綿水 維土
綸火 綾火 綠火 罫木 罪火
置火 翠金 翡水土 聚火 肇火
腎金 脾水 腑水 腕土 臺火
與土 舞土水 艇火 菊火木 董火木
華水 菓木 菰木 菜金 菖金

菁火金 莽水 菩水 萊火 菱火
蜻金 蜜水 裾火木 裳金火 裸木
誡火木 誥木 誨水 誌火 誦金
誠金 誓金 說金 誕火 認金
豪水 貌水 賑火金 賓水 赫水火
輕金木 輔水 造火金 逍金 速金
逞火 趙火 途火 透金火 通火
遞火 逢水 連火 郡火木 郎火
酸金 銚火 銀土木 銅火 鉼水
銘水 閣木 閤水木 閥水 降金木
限金水 靽水 韶火 領火 颯金

飴土 飼金 飾金 飽水 髮水
魁木 魂水 鳳水 鳴水 鼻水
齊金

十五畫之部

億土 價火木 儀土木 儉火木 僻水
劇火木 劍火木 劈水 劉火 嘻金水
嘯金 增火 墨水 嬉金水 嬌火木
寬木 審金 寮火 層火金 履火
幟火 幣水 廣木 廛金火 廟水
弊水 彈火 影土 徵火 徹火
德火 慰土 慷木 慣木 慧水

畿 火木	瑤 土	漾 土	漲 火	演 土	樣 土水	樟 火	概 木	敵 火	摺 火金	慶 金木
皚 木	瑳 金	熟 金	滯 火	漢 水	樓 火	樞 金	樂 火	敷 水	樗 金土	摹 水
皺 火金	瑪 水	熱 火	滴 火	漁 土水	歐 土	樋 火	槻 木	暫 火	摘 火	慮 火
盤 水	瑯 火	犢 火	漫 水	漆 金	歎 火	標 水	槿 火木	暴 水	摩 水	摑 木
瞑 水	瑠 火	瑩 土	滿 水	漸 火	毅 土木	模 水	槽 金	暮 水	數 金	摧 金

萬 土水	萱 金	館 木	腦 火	練 火	緒 金火	糊 水木	節 火金	窯 木	稾 木	確 金木
落 火	萩 火	葦 土	腸 火	署 金	線 金	緯 土	箭 火	窮 金木	稽 火木	磁 金
葎 火	葺 火土	葉 土	腹 水	罰 水	緻 火	緣 土	範 水	篁 水	穀 木	磐 水
蝦 金水	著 火	葛 水木	興 金水	羲 金水	締 火	緘 水	篇 水	箴 火	稷 火金	磊 火
蝗 水	董 火	葵 木	舖 水	腰 土	編 水	緩 土火	落 火	箱 金	稻 火	稼 火木

霆 火	閱 土	醉 火	進 火	輩 水	賣 水	論 火	諏 金	複 水	蝙 水	蝸 土
霈 水	院 土	醄 火	郵 土	輪 火	賦 水	賢 金水	諄 火金	諜 火木	衛 土	蝕 金木
鞍 土	陣 火	銳 金土	郭 木	輦 水	趣 金	賜 金	談 火	誼 金木	衝 金	蝶 火
鞏 木	震 火	鋤 金	部 水	遊 土	踐 火	質 金火	調 火	課 木	褌 水	蝟 水
頤 土	霄 金	鋒 水	醇 火金	逸 土	輝 水	賞 金	諒 火	諗 火	褓 水	蝠 水

養 土
駕 火木
駐 火
魄 水
鴉 土
鴈 木

十六畫之部

儒 火
儔 火
儕 金
儘 火
冀 火土
劍 火木
勳 金水
叡 火
噯 土
器 金木
噡 火
噴 水
圜 木
壇 火
壁 水
奮 水
學 金水
導 火
嶮 金水
憙 金水
憬 火木
憲 金水
憧 火
憮 土水
憐 火
戰 金
撮 金火
撤 金
撰 金
撞 火
播 水
撲 水
撫 土水
整 火
曉 金水
曇 土水
暾 火
曆 火
機 火木
橘 火木

樺 水
橫 水
橋 金木
橇 金
樹 金
燊 火
樵 金火
樽 金
橙 火
橊 火
樫 火木
歷 火
潔 火木
澁 金
潤 金火
潟 金
潛 金
潭 火
澄 火
潮 金火
燁 水
燕 土
熹 金水
熾 火
燒 金
燃 金
燈 火
燉 火
燐 火
燎 火
璃 火
瓢 水
甍 土
盧 火
瞞 水
磧 金火
磨 水
穎 土
積 火
穆 水
窺 木
篝 木
簑 金
篩 金
篠 火
築 火
篤 火
糖 火
縞 木
縣 金木
縉 火
縛 水
罵 水
罷 水
翰 水

膏 木
舉 火木
蓑 金
蒼 金
蒔 水
蓁 火
蒸 火
蓆 金
蓄 金火
蒲 水
蓉 金土
螢 土
融 金土
衛 土
衡 水
褞 土
親 金
諳 土
謂 土
謁 火木
諤 土木
諴 金木
諫 火木
諺 土木
諸 火金
諦 火
諭 土
豫 土
賴 火
蹄 火
輯 火金
辨 水
遊 土
運 土
諠 金木
遇 木
遑 水
遂 金
道 火
達 火
都 火
醒 金
醍 火
鋼 木火
錦 火木
鋸 火木
錚 火
錐 火
錫 金
錢 金火
錠 火
陰 土
陲 金
陶 火
陳 金火

陸 火	靜 火	鴨 土	十七畫之部	優 土	壑 水	懌 火	擒 金木	擅 火金	檐 火	檢 火木
陵 火	鞘 金	鴛 土		償 金	嬬 金	應 土	擎 金木	擇 火	檜 木	檣 金
霓 木	頰 金木	默 水		儡 火	嶽 土木	憶 土	擊 火木	擔 火	橿 木	檀 火
霏 水	頭 火	龍 火		勵 火	嶼 土金	懇 木	撿 火	擂 火	檠 木	歛 火木
霖 火	餘 土	龜 木		壕 水	彌 水	憾 水木	操 金	斂 火	檄 火木	氈 火

激 火木	燦 金	獨 火	瞭 火	穗 水	糟 金	總 金	聳 火	膚 水	蔬 金	蔭 土
澤 火	燭 火	瞰 木	矯 火水	簣 火金	嶺 火	縹 水	聲 金	臨 火	蔦 火木	蟋 金
濃 火	燧 金	瞬 金水	磯 火木	簇 金	縮 金火	繁 水	聰 金	艱 火木	蓬 水	蝗 火
澱 火	徽 水火	瞳 火	禧 金水	篷 水	縱 火	縫 水	聯 火	蔘 金	蓼 火	螺 火
營 土	鄕 金木	瞥 水	禪 金	糠 木	績 金	翳 土	膝 金	蔗 火	蓮 火	襁 金木

襄 金	豁 水	遜 金	鍵 火木	錨 水	隊 火	霙 土	館 木	鮮 金	十八畫之部	儭 金
褻 水	谿 金水	遞 火	鍼 火	鍊 火	陽 土	霞 金水	餞 火	黛 火		儲 火
講 火木	趨 金	鄉 金水	鍾 火金	闊 木	隆 火	霜 金	餅 水	點 火		叢 金土
謙 火木	遙 土	醞 土	鍬 金	階 火木	隈 土	鞠 火木	駿 火金	齋 火金		戴 火
謝 金火	遠 土	鍔 土木	鍛 火	隅 土木	隸 火	韓 水	鮫 木	鴻 水		擱 木

擬土木 擦金 擡火 斷火 曜土
瞟金水 曙金 檻火木 櫂火土 歸木
濠水 濶水木 濕金 濡火 濟火金
濤火 濯土 濘火 濱水 濛水
爵火 獲水 獰火 獵火 環水木
瞿火 瞼火 瞻火 礎金 禮火
簡火木 簣木 簷火 簫金 簞火
糧火 繡金 織火金 繕金 繙水
翻水 翼土 職火 膳金 舊火木
蔭土 蕊火 蕉火 蕩火 蕃水
蟬金 蟲金火 覆水 觴金 謳火土

謹火木 謦木 豐水 蹕水 轉火金
遭火金 適金 鄙水 醫土 鎧金木
鎖金 鎮火 鎚火 鎌火 顓火金
聶火金 鄢土 闕火木 雞火 雜火金
雛金 鞭水 額水 顏土木 題火
馥水 騎金木 鯉火 鵝土水 鶻土木
鵠火木 燿土

十九畫之部

勸火 響水 寶水 廬火 擴木
擲火 攀水 曠木 櫛火 櫟火
櫓火 瀅土 瀉金 濺火 瀑水

獸金 獺火 璽水金 禱火 穩土
穫水 簷土金 簿水 簾火 繹土火
繪水土 繫金木 繭金木 繩金 臆土
膽火 臂水 膺土 薪金 薔金
蕭金 薛金 薙火 薇土水 蕾火
蟹金水 蟻土木 蟷火 襖土 襟火木
識火 證火 譔金 贊金火 贈金火
辭金 遵火金 選金 遼火 鄭火
鄰火 鏗火木 鏡火木 鏑火 鏤火土
關木 霧土水 韻土 願土木 類火
鯨火木 鵲木 鵬水 壚土火 麗火

麓 火
麴 木

二十畫之部

嚴 土水
壤 金
孃 金
寶 水
邁 土水
懷 水
懸 金水
朧 火
瀞 火
瀝 火
犧 金水
獻 金水
瓊 土木
礦 木
礬 水
礫 火
競 火木
籍 火金
籌 金
籃 火
繼 火木
纂 金
繻 金
辮 水
羆 水
羅 火
羈 火木
耀 土
臍 火金
艦 火木
朦 水
藁 木
薰 金水
藏 火金
薩 金
藉 火金
薯 金
藍 火
襦 金
覺 火木
觸 火
譯 土
議 土木
警 火木
贏 土
贍 火
還 水木
釋 金
鐘 火
鐙 火
闡 木
霰 金
露 火
飄 水
闞 木
馨 金水
騰 火
黨 火

二十一畫之部

儷 火
屬 金
巍 土木
攘 金火
櫻 土
櫸 火木
欄 火
殲 金火
竈 金
籐 火
纈 金木
纖 金火
續 金
纏 水火
臘 火
艪 火
藝 土木
藪 金
藤 火
藥 土
蠟 火
護 水
譽 土
贐 火
躍 土水
轟 水土
辯 水
邇 土火
鐸 土火
鐵 火
鐳 火
隨 金
隱 土
霸 水
鞽 火木
顧 木
飜 水
饌 金
饒 金木
驅 金土
鶯 土
鶴 水
鷄 火木

二十二畫之部

儼 土木
囊 金
巔 火
懿 土
攝 火
權 金木
歡 水
灌 木
疊 火
穰 金
籠 火
聽 火
艫 火
藻 火金
蘇 金
蘆 火
襯 金
覽 火
讚 金
讀 火
邊 水
鑑 火木
鑒 火木
鑄 金
霽 火
響 金水
餐 金
鬚 水金
鰻 水金
藺 火木
龔 木金

二十三畫之部

巖木土 戀火 曬火金 灑金 籤金
纖金 蘚金 蘭火 欅木 變水
鑛水木 顯水金 驛土 驗木火 髓金火
體火 鷲火 欒火 麟火

二十四畫之部

矗金 罐木 臟金火 艷土 蠶金
衢木火 讓金 釀金 鑪火 隴火
靄土水 隸火 靈火 靂火 鬭火
鷹土 鷺火 鑫水

二十五畫之部

廳火 籬火 蠻水 觀木 鑰土金
靉土 鼈水 釁木水

二十六畫之部

灣土 矚金 讚金 邏火 鬱土
黶土

二十七畫之部

鑼火 鑾火 纜火 驥木火 驤火
鑽金 讞木

二十八畫之部

豔土 驩木 鸚土

二十九畫之部

驪火 鬱土

三十畫之部

鸞火 鸝火

三十一畫之部

籲火

大展出版社有限公司
品冠文化出版社

圖書目錄

地址：台北市北投區(石牌)
致遠一路二段 12 巷 1 號
郵撥：01669551＜大展＞
19346241＜品冠＞
電話：(02) 28236031
28236033
28233123
傳真：(02) 28272069

・熱門新知・品冠編號 67

1.	圖解基因與 DNA		中原英臣主編	230 元
2.	圖解人體的神奇	（精）	米山公啟主編	230 元
3.	圖解腦與心的構造	（精）	永田和哉主編	230 元
4.	圖解科學的神奇	（精）	鳥海光弘主編	230 元
5.	圖解數學的神奇	（精）	柳 谷 晃著	250 元
6.	圖解基因操作	（精）	海老原充主編	230 元
7.	圖解後基因組	（精）	才園哲人著	230 元
8.	圖解再生醫療的構造與未來		才園哲人著	230 元
9.	圖解保護身體的免疫構造		才園哲人著	230 元
10.	90 分鐘了解尖端技術的結構		志村幸雄著	280 元
11.	人體解剖學歌訣		張元生主編	200 元

・名人選輯・品冠編號 671

1.	佛洛伊德	傅陽主編	200 元
2.	莎士比亞	傅陽主編	200 元
3.	蘇格拉底	傅陽主編	200 元
4.	盧梭	傅陽主編	200 元
5.	歌德	傅陽主編	200 元
6.	培根	傅陽主編	200 元
7.	但丁	傅陽主編	200 元
8.	西蒙波娃	傅陽主編	200 元

・圍棋輕鬆學・品冠編號 68

1.	圍棋六日通	李曉佳編著	160 元
2.	布局的對策	吳玉林等編著	250 元
3.	定石的運用	吳玉林等編著	280 元
4.	死活的要點	吳玉林等編著	250 元
5.	中盤的妙手	吳玉林等編著	300 元
6.	收官的技巧	吳玉林等編著	250 元
7.	中國名手名局賞析	沙舟編著	300 元
8.	日韓名手名局賞析	沙舟編著	330 元

・象棋輕鬆學・品冠編號 69

1.	象棋開局精要	方長勤審校	280 元
2.	象棋中局薈萃	言穆江著	280 元
3.	象棋殘局精粹	黃大昌著	280 元
4.	象棋精巧短局	石鏞、石煉編著	280 元

・生活廣場・品冠編號 61

1.	366 天誕生星	李芳黛譯	280 元
2.	366 天誕生花與誕生石	李芳黛譯	280 元
3.	科學命相	淺野八郎著	220 元
4.	已知的他界科學	陳蒼杰譯	220 元
5.	開拓未來的他界科學	陳蒼杰譯	220 元
6.	世紀末變態心理犯罪檔案	沈永嘉譯	240 元
7.	366 天開運年鑑	林廷宇編著	230 元
8.	色彩學與你	野村順一著	230 元
9.	科學手相	淺野八郎著	230 元
10.	你也能成為戀愛高手	柯富陽編著	220 元
12.	動物測驗—人性現形	淺野八郎著	200 元
13.	愛情、幸福完全自測	淺野八郎著	200 元
14.	輕鬆攻佔女性	趙奕世編著	230 元
15.	解讀命運密碼	郭宗德著	200 元
16.	由客家了解亞洲	高木桂藏著	220 元

・血型系列・品冠編號 611

1.	A 血型與十二生肖	萬年青主編	180 元
2.	B 血型與十二生肖	萬年青主編	180 元
3.	0 血型與十二生肖	萬年青主編	180 元
4.	AB 血型與十二生肖	萬年青主編	180 元
5.	血型與十二星座	許淑瑛編著	230 元

・女醫師系列・品冠編號 62

1.	子宮內膜症	國府田清子著	200 元
2.	子宮肌瘤	黑島淳子著	200 元
3.	上班女性的壓力症候群	池下育子著	200 元
4.	漏尿、尿失禁	中田真木著	200 元
5.	高齡生產	大鷹美子著	200 元
6.	子宮癌	上坊敏子著	200 元
7.	避孕	早乙女智子著	200 元
8.	不孕症	中村春根著	200 元
9.	生理痛與生理不順	堀口雅子著	200 元

10. 更年期　野末悅子著　200元

・傳統民俗療法・品冠編號 63

1. 神奇刀療法　潘文雄著　200元
2. 神奇拍打療法　安在峰著　200元
3. 神奇拔罐療法　安在峰著　200元
4. 神奇艾灸療法　安在峰著　200元
5. 神奇貼敷療法　安在峰著　200元
6. 神奇薰洗療法　安在峰著　200元
7. 神奇耳穴療法　安在峰著　200元
8. 神奇指針療法　安在峰著　200元
9. 神奇藥酒療法　安在峰著　200元
10. 神奇藥茶療法　安在峰著　200元
11. 神奇推拿療法　張貴荷著　200元
12. 神奇止痛療法　漆 浩 著　200元
13. 神奇天然藥食物療法　李琳編著　200元
14. 神奇新穴療法　吳德華編著　200元
15. 神奇小針刀療法　韋丹主編　200元
16. 神奇刮痧療法　童佼寅主編　200元
17. 神奇氣功療法　陳坤編著　200元

・常見病藥膳調養叢書・品冠編號 631

1. 脂肪肝四季飲食　蕭守貴著　200元
2. 高血壓四季飲食　秦玖剛著　200元
3. 慢性腎炎四季飲食　魏從強著　200元
4. 高脂血症四季飲食　薛輝著　200元
5. 慢性胃炎四季飲食　馬秉祥著　200元
6. 糖尿病四季飲食　王耀獻著　200元
7. 癌症四季飲食　李忠著　200元
8. 痛風四季飲食　魯焰主編　200元
9. 肝炎四季飲食　王虹等著　200元
10. 肥胖症四季飲食　李偉等著　200元
11. 膽囊炎、膽石症四季飲食　謝春娥著　200元

・彩色圖解保健・品冠編號 64

1. 瘦身　主婦之友社　300元
2. 腰痛　主婦之友社　300元
3. 肩膀痠痛　主婦之友社　300元
4. 腰、膝、腳的疼痛　主婦之友社　300元
5. 壓力、精神疲勞　主婦之友社　300元
6. 眼睛疲勞、視力減退　主婦之友社　300元

・休閒保健叢書・品冠編號 641

1.	瘦身保健按摩術	聞慶漢主編	200 元
2.	顏面美容保健按摩術	聞慶漢主編	200 元
3.	足部保健按摩術	聞慶漢主編	200 元
4.	養生保健按摩術	聞慶漢主編	280 元
5.	頭部穴道保健術	柯富陽主編	180 元
6.	健身醫療運動處方	鄭寶田主編	230 元
7.	實用美容美體點穴術＋VCD	李芬莉主編	350 元

・心 想 事 成・品冠編號 65

1.	魔法愛情點心	結城莫拉著	120 元
2.	可愛手工飾品	結城莫拉著	120 元
3.	可愛打扮 & 髮型	結城莫拉著	120 元
4.	撲克牌算命	結城莫拉著	120 元

・健康新視野・品冠編號 651

1.	怎樣讓孩子遠離意外傷害	高溥超等主編	230 元
2.	使孩子聰明的鹼性食品	高溥超等主編	230 元
3.	食物中的降糖藥	高溥超等主編	230 元

・少 年 偵 探・品冠編號 66

1.	怪盜二十面相	（精）	江戶川亂步著	特價 189 元
2.	少年偵探團	（精）	江戶川亂步著	特價 189 元
3.	妖怪博士	（精）	江戶川亂步著	特價 189 元
4.	大金塊	（精）	江戶川亂步著	特價 230 元
5.	青銅魔人	（精）	江戶川亂步著	特價 230 元
6.	地底魔術王	（精）	江戶川亂步著	特價 230 元
7.	透明怪人	（精）	江戶川亂步著	特價 230 元
8.	怪人四十面相	（精）	江戶川亂步著	特價 230 元
9.	宇宙怪人	（精）	江戶川亂步著	特價 230 元
10.	恐怖的鐵塔王國	（精）	江戶川亂步著	特價 230 元
11.	灰色巨人	（精）	江戶川亂步著	特價 230 元
12.	海底魔術師	（精）	江戶川亂步著	特價 230 元
13.	黃金豹	（精）	江戶川亂步著	特價 230 元
14.	魔法博士	（精）	江戶川亂步著	特價 230 元
15.	馬戲怪人	（精）	江戶川亂步著	特價 230 元
16.	魔人銅鑼	（精）	江戶川亂步著	特價 230 元
17.	魔法人偶	（精）	江戶川亂步著	特價 230 元
18.	奇面城的秘密	（精）	江戶川亂步著	特價 230 元
19.	夜光人	（精）	江戶川亂步著	特價 230 元

20. 塔上的魔術師	（精）	江戶川亂步著	特價	230 元
21. 鐵人Q	（精）	江戶川亂步著	特價	230 元
22. 假面恐怖王	（精）	江戶川亂步著	特價	230 元
23. 電人M	（精）	江戶川亂步著	特價	230 元
24. 二十面相的詛咒	（精）	江戶川亂步著	特價	230 元
25. 飛天二十面相	（精）	江戶川亂步著	特價	230 元
26. 黃金怪獸	（精）	江戶川亂步著	特價	230 元

・武　術　特　輯・大展編號 10

1. 陳式太極拳入門	馮志強編著	180 元
2. 武式太極拳	郝少如編著	200 元
3. 中國跆拳道實戰 100 例	岳維傳著	220 元
4. 教門長拳	蕭京凌編著	150 元
5. 跆拳道	蕭京凌編譯	180 元
6. 正傳合氣道	程曉鈴譯	200 元
7. 實用雙節棍	吳志勇編著	200 元
8. 格鬥空手道	鄭旭旭編著	200 元
9. 實用跆拳道	陳國榮編著	200 元
10. 武術初學指南	李文英、解守德編著	250 元
11. 泰國拳	陳國榮著	180 元
12. 中國式摔跤	黃　斌編著	180 元
13. 太極劍入門	李德印編著	180 元
14. 太極拳運動	運動司編	250 元
15. 太極拳譜	清・王宗岳等著	280 元
16. 散手初學	冷　峰編著	200 元
17. 南拳	朱瑞琪編著	180 元
18. 吳式太極劍	王培生著	200 元
19. 太極拳健身與技擊	王培生著	250 元
20. 秘傳武當八卦掌	狄兆龍著	250 元
21. 太極拳論譚	沈　壽著	250 元
22. 陳式太極拳技擊法	馬　虹著	250 元
23. 二十四式/三十二式 太極 拳/劍	闞桂香著	180 元
24. 楊式秘傳 129 式太極長拳	張楚全著	280 元
25. 楊式太極拳架詳解	林炳堯著	280 元
26. 華佗五禽劍	劉時榮著	180 元
27. 太極拳基礎講座：基本功與簡化 24 式	李德印著	250 元
28. 武式太極拳精華	薛乃印著	200 元
29. 陳式太極拳拳理闡微	馬　虹著	350 元
30. 陳式太極拳體用全書	馬　虹著	400 元
31. 張三豐太極拳	陳占奎著	200 元
32. 中國太極推手	張　山主編	300 元
33. 48 式太極拳入門	門惠豐編著	220 元
34. 太極拳奇人奇功	嚴翰秀編著	250 元

35.	心意門秘籍	李新民編著	220 元
36.	三才門乾坤戊己功	王培生編著	220 元
37.	武式太極劍精華＋VCD	薛乃印編著	350 元
38.	楊式太極拳	傅鐘文演述	200 元
39.	陳式太極拳、劍 36 式	闞桂香編著	250 元
40.	正宗武式太極拳	薛乃印著	220 元
41.	杜元化＜太極拳正宗＞考析	王海洲等著	300 元
42.	＜珍貴版＞陳式太極拳	沈家楨著	280 元
43.	24 式太極拳＋VCD	中國國家體育總局著	350 元
44.	太極推手絕技	安在峰編著	250 元
45.	孫祿堂武學錄	孫祿堂著	300 元
46.	＜珍貴本＞陳式太極拳精選	馮志強著	280 元
47.	武當趙堡太極拳小架	鄭悟清傳授	250 元
48.	太極拳習練知識問答	邱丕相主編	220 元
49.	八法拳 八法槍	武世俊著	220 元
50.	地趟拳＋VCD	張憲政著	350 元
51.	四十八式太極拳＋DVD	楊　靜演示	400 元
52.	三十二式太極劍＋VCD	楊　靜演示	300 元
53.	隨曲就伸 中國太極拳名家對話錄	余功保著	300 元
54.	陳式太極拳五功八法十三勢	闞桂香著	200 元
55.	六合螳螂拳	劉敬儒等著	280 元
56.	古本新探華佗五禽戲	劉時榮編著	180 元
57.	陳式太極拳養生功＋VCD	陳正雷著	350 元
58.	中國循經太極拳二十四式教程	李兆生著	300 元
59.	＜珍貴本＞太極拳研究	唐豪・顧留馨著	250 元
60.	武當三豐太極拳	劉嗣傳著	300 元
61.	楊式太極拳體用圖解	崔仲三編著	400 元
62.	太極十三刀	張耀忠編著	230 元
63.	和式太極拳譜＋VCD	和有祿編著	450 元
64.	太極內功養生術	關永年著	300 元
65.	養生太極推手	黃康輝編著	280 元
66.	太極推手祕傳	安在峰編著	300 元
67.	楊少侯太極拳用架真詮	李璉編著	280 元
68.	細說陰陽相濟的太極拳	林冠澄著	350 元
69.	太極內功解祕	祝大彤編著	280 元
70.	簡易太極拳健身功	王建華著	180 元
71.	楊氏太極拳真傳	趙斌等著	380 元
72.	李子鳴傳梁式直趟八卦六十四散手掌	張全亮編著	200 元
73.	炮捶 陳式太極拳第二路	顧留馨著	330 元
74.	太極推手技擊傳真	王鳳鳴編著	300 元
75.	傳統五十八式太極劍	張楚全編著	200 元
76.	新編太極拳對練	曾乃梁編著	280 元
77.	意拳拳學	王薌齋創始	280 元
78.	心意拳練功竅要	馬琳璋著	300 元

79. 形意拳搏擊的理與法	買正虎編著	300 元
80. 拳道功法學	李玉柱編著	300 元
81. 精編陳式太極拳拳劍刀	武世俊編著	300 元
82. 現代散打	梁亞東編著	200 元
83. 形意拳械精解（上）	邸國勇編著	480 元
84. 形意拳械精解（下）	邸國勇編著	480 元
85. 楊式太極拳詮釋【理論篇】	王志遠編著	200 元
86. 楊式太極拳詮釋【練習篇】	王志遠編著	280 元
87. 中國當代太極拳精論集	余功保主編	500 元
88. 八極拳運動全書	安在峰編著	480 元
89. 陳氏太極長拳 108 式＋VCD	王振華著	350 元
90. 太極拳練架真詮	李璉著	280 元
91. 走進太極拳 太極拳初段位訓練與教學法	曾乃梁編著	300 元
92. 中國功夫操	莊昔聰編著	280 元
93. 太極心語	陳太平著	280 元
94. 楊式太極拳學練釋疑	奚桂忠著	250 元
95. 自然太極拳<81 式>	祝大彤編著	330 元
96. 陳式太極拳精義	張茂珍編著	380 元
97. 盈虛有象 中國太極拳名家對話錄	余功保編著	600 元

・彩色圖解太極武術・大展編號 102

1. 太極功夫扇	李德印編著	220 元
2 武當太極劍	李德印編著	220 元
3. 楊式太極劍	李德印編著	220 元
4. 楊式太極刀	王志遠著	220 元
5. 二十四式太極拳（楊式）＋VCD	李德印編著	350 元
6. 三十二式太極劍（楊式）＋VCD	李德印編著	350 元
7. 四十二式太極劍＋VCD	李德印編著	350 元
8. 四十二式太極拳＋VCD	李德印編著	350 元
9. 16 式太極拳 18 式太極劍＋VCD	崔仲三著	350 元
10. 楊氏 28 式太極拳＋VCD	趙幼斌著	350 元
11. 楊式太極拳 40 式＋VCD	宗維潔編著	350 元
12. 陳式太極拳 56 式＋VCD	黃康輝等著	350 元
13. 吳式太極拳 45 式＋VCD	宗維潔編著	350 元
14. 精簡陳式太極拳 8 式、16 式	黃康輝編著	220 元
15. 精簡吳式太極拳＜36 式拳架・推手＞	柳恩久主編	220 元
16. 夕陽美功夫扇	李德印著	220 元
17. 綜合 48 式太極拳＋VCD	竺玉明編著	350 元
18. 32 式太極拳（四段）	宗維潔演示	220 元
19. 楊氏 37 式太極拳＋VCD	趙幼斌著	350 元
20. 楊氏 51 式太極劍＋VCD	趙幼斌著	350 元
21. 嫡傳楊家太極拳精練 28 式	傅聲遠著	220 元
22. 嫡傳楊家太極劍 51 式	傅聲遠著	220 元

大展好書　好書大展
品嘗好書　冠群可期

大展好書　好書大展
品嘗好書　冠群可期